마 케 팅 의 근 거 를 찾 아 라

사랑받는
병원마케팅

SHARE

마 케 팅 의   근 거 를   찾 아 라

사랑받는
병원마케팅

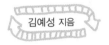

김예성 지음

지식공감

contents

Thank you ──────────────

지식과 경험을 공유해 주셔서 감사합니다.

언제나 기도해 주는 가족, 감사합니다.

『사랑받는 병원마케팅』이 세상과 소통할 수 있도록 도와준 숨은 조역들 모두에게 감사합니다. 새로운 창의적인 방법으로 그들을 도울 수 있게 되기를 희망합니다.

특별히 모든 과정에서 기꺼이 Giver의 역할을 확실하게 해 주신 춘천예치과의 김동석 원장님과 울산 CK 치과병원의 김기형 원장님께 감사와 존경을 드립니다.

새로운 경영의 패러다임 중 하나가 공유경제(2008년 미국 하버드대 법대 로런스 레식 교수에 의해 처음 사용된 말로, 한번 생산된 제품을 여럿이 공유해 쓰는 협력소비를 기본으로 한 경제 방식)입니다.

제품을 판매하기 위함이 아니라 지식과 경험, 스토리를 공유하고 새로운 경영전략과 마케팅 전략의 길을 모색하기 위해 야성적으로 활동하는 세상의 모든 살아있는 리더들에게 깊은 감사를 드립니다.

마케팅의 목적은
판매를 할 필요가
없게 만드는 것이다.

— 피터 드러커 —

초연결시대[1]_근거기반 병원마케팅

—

카카오톡 앱을 통해서 카카오택시를 부르면 예약정보가 뜬다. 차종은 무엇이고, 누가 운전을 하고 몇 분 후에 도착하는지 정보가 뜬다. 그리고 정확하게 그 차가 내 앞에 서면 택시에 타면 된다.

이러한 모바일앱 서비스가 없을 때 늦은 시간에 택시를 이용하게 되면 배웅하는 사람이 택시번호를 메모하거나 사진으로 찍어 불안한 마음을 조금이나마 해소했다.

서비스는 여기서 끝나지 않는다. 승객이 택시에서 내리면 운전기사는 승객의 태도를 평가하고, 승객은 운전기사의 서비스를 평가한다. 평가한 내용은 다음 서비스를 이용할 때 반영이 된다. 진상고객이나 불친절한 운전자로 평가 받으면 카카오택시 플랫폼에서 퇴출된다고 한다.

한 병원의 직원이 SNS에 올린 사진이 화제가 되면, 같은 병원의 관련 SNS와 원장 개인개정의 SNS 정보까지 속칭 '털린다'. 그렇게 털린

---

1 초연결시대 : 사람, 프로세스, 데이터, 사물 등을 포함한 모든 것이 네트워크, 즉 인터넷으로 연결된 사회를 뜻한다. 〈출처: 네이버지식백과〉

정보들은 다시 SNS를 타고 순식간에 퍼져나가 사태는 일파만파로 전개되어 좀처럼 잠재우기 어려운 지경에까지 이르게 된다.

인터넷이 발달하고 모바일 통신수단이 보급되면서 우리는 자의적으로나 무의식적으로 강하고 약한 고리로 서로 연결되어 있다.

고객과의 연결이 적었던 과거의 마케팅 활동은 주로 제품을 판매하기 위한 선전전략이나 더 많이 생산해 판매하는 전략이 필요했다. 그러나 인터넷과 모바일 통신수단이 발달하면서 병원도 홈페이지나 블로그, 카페 등 온라인 채널을 마케팅 활동에 이용하게 되고 고객과 연결할 수 있는 방법이 점점 많아졌다. 채널이 많아지면서 그 채널을 채울수 있는 다양한 콘텐츠와 스토리가 더 많이 필요해지기 시작했다. 하지만 까다로운 고객은 콘텐츠가 많다고 무조건 만족하지 않고 확실한 출처에서 오는 고급 정보를 원한다.

병원에서의 홈페이지와 블로그를 통한 고객과의 소통은 주로 진료내용과 치료법, 의료진의 경력 소개 정도다. 고객은 간단한 검색을 해보고 '이 정도면 됐다.' 싶으면 전화로 예약을 하고 내원하는 선형적인 경로로 고객 방문이 이루어졌다. 그렇게 쉽게 마케팅이 흘러가나 싶었지만, 병원에서 제공하는 일방적인 정보에 불신을 가진 고객들은 좀 더 확실한 근거를 원하기 시작했고, 병원들은 너도나도 홈페이지와 블로그에 '리얼후기'를 경쟁적으로 올리기 시작했다. 리얼후기는 병원에서 치료받은 고객이 치료받은 병원의 위치와 서비스는 어땠는지 치료과정 중 스스로는 어떤 변화를 체험했는지를 말 그대로 리얼하게 작성해 올리는 것이다.

고객들은 리얼후기를 보며 본인의 상태와 일치화시켜 카타르시스를 직접 체험하기 위해 병원을 선택하는 중요한 참고 정보로 삼는다. 더 나아가 '리얼후기'에 대해 의심을 품은 고객은 따로 모여 카페를 만들어 비밀결사대처럼 활동을 시작했다. 병원을 실제로 이용한 108동 아줌마의 이야기에 귀를 기울이고, 병원에서 불친절을 경험한 옥수동 언니의 사연에 폭풍댓글을 남기며 서로의 유대감을 형성해 하나의 마케팅 파워를 만들어 나간다. 해당 카페에 잠입을 해 활동을 해 보면 이런 종류의 글들을 볼 수 있다.

'○○병원은 친절하기는 하지만 치료비가 비싸다.'
'○○성형외과에서 치료받고 염증이 생겨 고생했다.'
'○○병원은 처음에는 잘해주다가, 나중에 책임을 지지 않는다.'
이렇게 각자의 병원 방문기를 공유한다. 칭찬하는 내용보다는 고객이 병원에서 겪은 억울한 심정을 호소한 글에 반응이 더 뜨겁다.

- **투명함과 진정성으로 협력하라**

실제로 지역 키워드를 사용하는 유명 카페에 병원으로 가입해 활동하려면 정해진 요건을 충족하고 카페지기의 승인을 얻어야 했다. 한 프로그램에서 병원과 파워블로거들과의 결탁현장을 집중보도하면서 카페에 대한 투명성과 신뢰도에 타격을 입었다. 그래서 이제는 처음부터 솔직하게 고백을 하고 리얼후기를 올린다.

'○○님은 안면홍조로 ○○병원의 후원으로 증상을 치료받고 제2의 인생을 살고 있습니다.'

상업성에 대한 논란이 불거지면서 국내 최대 포털사이트에서도 SNS에 글을 올릴 때는 개인적으로 올렸는지, 사례비를 받고 올렸는지를 밝히겠다는 정책을 발표하기도 했다. 실제로 상업적으로 이용하는 흔적이 있는 블로그는 검색 순위에서 밀려나 방문자 수가 떨어지고 있는 실정이다.

이제 TV 프로그램도 리얼이 아니면 시청자의 외면을 받는 시대가 되었다. 그래서 아빠와 아이들이 함께 여행을 하는 프로그램과 아빠의 육아프로그램, 도시남녀가 농촌이나 어촌생활을 체험하면서 겪는 어려움과 실수담을 최대한 여과 없이 보여줘야 시청자의 선택을 받는다.

아무리 여기저기에 실시간으로 감시되고 폭로되는 초연결의 시대라고 해도 TV 프로그램은 계속되어야 하고, 병원도 지속적으로 성장해야 하기 때문에 어려운 가운데에도 보여지거나 보여지지 않는 마케팅 활동은 계속되어야 한다.

점점 스마트해지는 고객을 상대로 어떻게 하면
마케팅을 성공적으로 할 수 있을까?

저자는 그 해답을 고객이 병원에 바라는 정보와 병원이 살아가는 모습을 일치시켜 투명하고 진정성있게 알리는 것이라고 정의했다. 근거를 기반으로 한 마케팅은 그렇게 시작되었다.

고객과 거래에 의한 후기 말고 진짜 치료를 위해 내원한 고객에게 솔직한 병원 평가를 요청했을 때 좋은 평을 받을 수 있도록 최선을 다하고, 정확한 진단과 빠른 치유를 위해 공부하는 모습을 보여주기 위해

스터디를 조직하며 열심히 공부한 후에는 신나게 노는 모습도 여과 없이 공개하는 것이다.

근거가 확실하면 마케팅 활동 중 광고나 프로모션 활동은 언제든지 다양한 방법으로 가공해 효과적으로 표현해 낼 수 있다. 온라인 마케팅뿐만 아니라, 오프라인 마케팅 중 한 방법으로 기업이나 단체와 제휴를 하더라도 진료비 배려를 기반으로 한 마케팅 활동은 오래가기 어렵다. 또 진료비를 파격적으로 제시하는 병원과 경쟁하기 위해 진료비를 어디까지 내려야할까를 고민해야 한다. 불만족한 의료서비스를 받은 고객은 지체 없이 사내 인트라넷뿐 아니라 동료들 간의 SNS에 솔직한 이용후기를 올려 경험을 공유한다.

병원마케팅을 근거를 기반으로 해야 하는 이유는

- 근거 없는 무조건적인 마케팅 활동은 막대한 예산이 필요하기 때문이다.
- 병원서비스의 경우 고객이 서비스품질에 대한 판단을 비교적 빠르게 할 수 있기 때문이다.
- 마케팅 활동의 근거되는 내용이 병원 성장의 원동력이 된다.

근거기반 병원마케팅_사용설명서

—

마케팅을 전공하고 병원생활을 시작하던 2004년만 해도 대부분의 동네병원에서는 마케팅 활동에 대한 인식이 그렇게 높지 않았지만 요즘은 병원개원을 준비할 때면 마케팅 활동을 필수 요소로 꼽는다. 그 변화의 시작은 작은 곳에서부터 찾아 볼 수 있다.

대기실에 제공되는 음료만 하더라도 커피믹스, 녹차를 시작으로 둥글레차, 허브티, 원두커피에 바리스타를 고용한 카페테리아가 있는 병원도 요즘은 흔하게 찾아 볼 수 있다. 이렇게 눈에 보이는 마케팅 활동은 쉽게 도입할 수 있다는 장점이 있는 반면, 경쟁병원의 모방이 쉽다는 단점도 있다.

병원의 내부활동 등 다양한 마케팅툴에 관심을 가지게 된 이유는 다양한 마케팅 활동을 통해 병원에 고객을 불러모으더라도 병원 내에서 전달하는 의료서비스가 불만족스럽다면, 막대한 비용을 들인 마케팅 활동을 별 효과도 없이 지속하게 되는 현상을 관찰하게 되면서이다. 또 치료에 완벽을 기하더라도 그 서비스 내용을 고객에게 정확하게 어필하지 못한다면, 고객들은 부족하고 가공된 의료서비스만을 소비할 수밖에 없는 안타까운 현상을 면하기가 어렵다.

- **병원마케팅에 대한 관찰내용**

① 마케팅 중심으로 진행되었을 때

정보제공은 광고 등의 마케팅 활동으로 고객에게 병원에 대해 알리는 단계를 말한다. 마케팅 예산의 거의 전부가 정보제공 단계에 투입된다.

이때는 주로 매체전략을 세우게 되고, 다양한 매체를 이용하지 않는 비교적 작은 규모의 병원은 자체 이벤트를 기획하기도 한다. 사은품을 주거나 이벤트의 내용은 비보험적용진료에 대해 진료비 배려를 조건으로 하는 경우 등이 대부분이다. 이때 직접적인 비용이 발생하지 않는 것 같아 보이지만, 진료비 배려는 병원의 리더가 선택할 수 있는 가장 쉬운 선택이다.

하지만 시간이 지나면 막대한 비용부담으로 돌아오는 것을 경험할 수 있다. 단기적으로 노동력은 더 많이 투입되지만 회수되는 진료수입은 상대적으로 적을 수 있고, 갑자기 증가한 노동에 지친 직원은 떠나고 떠난 자리에 시스템을 이해하지 못한 직원이 채용된다. 당연히 전달되는 서비스의 질은 떨어지고 이런 과정을 반복하다 보면 모두가 지치게 된다.

마케팅을 조금 알던 때는 잘 기획된 이벤트 한번이면 힘들여 진료하지 않아도 병원경영이 수월해 질 것이라고 생각했다. 찾아 오는 고객만 접수해 진료에만 집중하다 새로운 현상을 관찰하게 되었다. 광고활동을 통해 유입된 고객의 불만이 많아지기 시작한 것이다. 진료실은 항상 바빴지만, 결제 고객은 적었다. 바빠진 일손 덕에 직원교육은 엄두도 못 내고 채용하자마자 진료실에 투입되면서 고객의 불만은 더 커져만 갔다. 기존 고객들의 히스토리가 전달되지 않아 고객들의 불평 사항은 여기저기서 불거졌고 출근하면서 오늘은 어떤 사건이 생길까를 걱정하면서 발걸음이 무거워지기도 했다.

바쁘게 진료를 하지만, 얻는 것은 불평과 불만이었다. 육체적 정신적으로 지쳐가는 직원들을 동기유발시키는 데도 한계점에 도달하게 되면 하나 둘씩 병원을 이탈하는 직원들이 발생하고 악순환은 반복됐다. 불만이 해결되지 않은 고객도 결국 이탈하게 되고, 더 많은 정보제공 비용이 필요한 실정이 되었다.

② 의료서비스 중심

병원의 고객은 본인의 불편과 통증, 즉 욕구를 해결하기 위해 기꺼이 지불할 의사를 가진 사람이다. 고객들은 자신의 불편이 정확하게 해결

되었는지 또 병원에서 자신을 진심으로 대했는지에 대해서만 기억한다.

솔루션은 커피머신이고 서비스는 커피숍이다.
솔루션은 바이올린이고 서비스는 음악회이다.

병원에서 솔루션은 무엇이고 서비스는 무엇일까? 병원마다 다르겠지만 그게 무엇이든 고객은 이 둘이 모두 충족되어야만 케어받았다고 기억하고 그 병원의 의료서비스를 계속 선택하고 기꺼이 진료비를 지불한다.

의료서비스를 중심으로 마케팅 전략을 기획하는 병원은 고객마다 최선의 관심을 표하고 최적의 솔루션을 제공하고 기분좋은 서비스를 제공해야한다. 그러다 보면 자연스럽게 고객 유동이 줄어들고 고객과 의료진의 만족감이 높아져 더 양질의 진료를 하기 위해 노력하게 된다. 양질의 솔루션과 서비스를 제공한 병원이 입소문을 타고 알려져 더 많은 고객이 우리 병원을 통해 불편함과 불친절을 느끼지 않았으면 좋겠다는 바람을 하게 된다.

아쉬운 것은 의료서비스 중심으로 경영되는 병원은 광고활동에는 비교적 비중을 적게 둔다는 것이다.

더 많은 고객이 양질의 진료와 서비스를 제공하는 병원에 대한 정보를 알게 되어 병원이 성장할 수 있으려면 무엇을 어떻게 해야할까?

③ 양손잡이(Ambidexter)전략

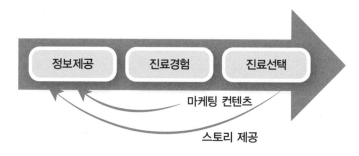

경영학에서 변화하는 경영환경에서 혁신을 추구하며, 기업의 내실을 다질 수 있는 경영전략을 양손잡이전략이라고 한다.

변화의 주기가 빠르기 때문에 조직의 특성을 떠나 모든 조직이 변화와 혁신을 추구하지 않으면 안 되는 시대가 되었다. 더불어 불확실성의 시대이기도 하다. 위험부담을 줄이기 위해서는 전사적(全社的)으로 기업의 정체성을 확립하고 내실도 챙겨야 한다. 병원마케팅에도 양손잡이전략을 활용해 보면 어떤 모델이 될까?

『근거기반 병원마케팅』에서는 막대한 광고비 투입과 진료비 배려로 이어지는 게릴라성 마케팅 활동은 지양한다. 진료서비스 개선과정과 고객의 진료경험에서 탄생한 건강한 마케팅 콘텐츠와 고객과의 스토리를 마케팅 활동에 적극 활용하는 실용적인 방법을 소개하고 사례를 공유한다.

• 책에 다룬 소재의 신선도를 유지하기 위해 노력한다

10년 이상을 병원에서 일하며 병원경영환경의 위기와 성장과정을 함께하면서 자극이 필요할 때 사용하는 방법을 이번에 사용했다. 책을 위해 특별하게 인터뷰를 따로 했으며, 서울과 지방을 오가며 직접 취재하고 체감한 현장성을 비중있게 다루었다. 일부러 지하철을 이용하면서 병원과 관련된 광고가 눈에 띄면 담았으며, 사람들을 관찰하기 위해 유명 병원 앞에 자리잡고 네다섯 시간을 앉아 있기도 했다.

또 SNS 계정을 만들어 병원관련 페이지를 관찰하고, 병원에 종사하는 분들과 친구를 맺으며, 다양한 활동을 기록했다. SNS는 그 종류를 막론하고 향후 병원뿐 아니라 기업에서도 중요한 마케팅 채널로 작용하게 될 것이 분명하다. 마케팅 트렌드는 그 흐름을 예측할 수 없으니 책을 빠르게 써 내용을 공유하는 전략을 사용하기로 했다.

• Powerful Question

코칭과정에서 고객의 잠재력을 이끌어 목표 달성을 돕는 데 사용하는 핵심역량 중 하나가 질문법이다. 본문 중에 마케팅 활동을 확장하기 위해 사용했던 질문을 실었다. 병원의 특수한 상황에 따라 따로 답해보고 실행 가능한 마케팅 활동을 기획할 수 있으려면 잠시라도 깊게 고민해 보는 시간을 가져보기를 바란다.

- **해보았거나 하려고 했던 마케팅 전략을 공유한다**

병원마케팅 활동을 본업으로 하지 않는 덕분에 객관적으로 병원마케팅의 흐름을 바라 볼 수 있었던 장점이 있다. 경영학을 전공하면서 접했던 다양한 사례와 과제를 수행하면서 생각난 미공개 아이디어와 책을 읽다 책 위에 메모했던 내용을 기억이 허락하는 한 사심 없이 근거기반 병원마케팅에 공개할 예정이다.

- **당장 폭발적으로 고객이 늘기를 기대한다면 실망할 수 있다**

현재하고 있는 마케팅 활동을 한번 되짚어 보며 읽으면서 유쾌하고 빠르게 병원에 접목해 볼만한 팁을 발견하는 소소한 즐거움을 찾을 수 있게 되기를 기대한다. 또는 '이런 방법도 있겠구나.'하는 새로운 관점을 가져볼 수 있는 신선함을 전달할 수 있다면 좋겠다.

- **병원 외 다양한 마케팅/광고 자료를 참고했다**

전체적인 마케팅의 시각은 필립 코틀러의 『마켓 3.0』에 두고 있다. 책의 진행방식은 이제석의 『광고천재 이제석』처럼 경험과 사진을 위주로 활기차게 꾸미고 싶었다. 본문 중에 『광고천재 이제석』의 병원광고내용이 소개될 것이다. 『광고천재 이제석』을 읽으며 받은 뜨거운 느낌을 전달하고 싶어 저자와 출판사에 연락해 허락을 구할 수 있어 좋았다. 이제석의 반짝이는 아이디어를 나눌 수 있어 더 좋다. 매체활용에서는 제이 배어의 『SNS 앱경제 시대 유틸리티 마케팅이 온다』의 영향을 많이 받았다.

국내외 병원경영에 대한 사례도 참고하였지만, 마케팅은 특성상 기업에서 더 먼저 도입되고 더 빠르게 진화하고 있기 때문에 병원에 연결점을 찾기 위해 자료수집에는 경계를 두지 않았다. 이질감을 느끼기 보다 다양한 방식으로 병원마케팅에 대한 인사이트를 얻게 되기를 바란다.

• 마케팅 전략의 중점을 지속가능성에 두었다

인적자원을 기반으로 서비스를 생산하는 의료서비스의 특성상 단기적으로 폭발적인 수요를 일으키기도 어렵고, 만약 단기적으로 고객유입에 성공했더라도 내부적으로 준비된 의료서비스를 제공하는 데 미흡했다면 차후 리콜사태라는 후폭풍에 대비해야 한다.

좋은 평판을 통해 브랜드이미지를 구축하고 다양한 광고활동을 병행해 병원이 오랫동안 고객에게 사랑 받을 수 있는 마케팅 전략에 초점을 두었다.

• 의료법과 매체는 전문가와 상의하라

의료광고가 온라인과 오프라인으로 진행되면서 매체관리가 중요한 몫을 한다. 오프라인을 전문으로 하는 업체와 바이럴마케팅을 주로 하는 업체, SNS만을 하는 업체 등 각자가 특화한 마케팅에 주력한 마케팅 업체가 늘어나고 있다.

매체수가 늘어날수록 매체를 채울 수 있는 콘텐츠를 만들어 내기 위해 기획자는 머리를 싸매고 고민을 한다. 이때 쉽게 빠지게 되는 유혹이 패러디나 표절인데, 그러면서 생길 수 있는 문제가 저작권에 대한 분쟁이다. 병원 내에서 기획한 강연프로그램 홍보에 유명 작가의 그림을 사용했다가 큰 대가를 치른 경험이 있다. 앞으로는 저작권 분쟁에 대해 만전을 다해 대비를 해야 한다. 무엇보다 병원광고에 사용하는 다양한 사진과 동영상 등은 내부에서 일어난 일을 마케팅 담당직원이 제작을 해야 안전하다. 병원에서 치료받은 고객의 자료를 활용할 때도 주의해야 한다. 병원 내 환경이 여의치 않다면 유료이미지를 구입할 수 있는 사이트도 많고, 무료로 이미지를 사용할 수 있는 사이트도 있기 때문에 유용하게 활용할 수 있다.

광고경쟁이 치열해지면서 의료심의법이 더 까다로워졌다. 홈페이지 구축이나 옥외광고를 제작할 때에도 문구 하나 하나에 주의를 기울여야 한다. 매체종류는 다양해지고 의료법은 더욱 강화될 것이다. 저작권에 대한 권리를 행사할 수 있는 업체의 감시망도 더 촘촘해 질 것이다.

*사랑받는 병원1 『사랑받는 병원』과 사랑받는 병원2 『병원상담의 모든 것』에서는 병원을 찾는 사람을 환자로 통일해 칭했다면, 사랑받는 병원3 『사랑받는 병원마케팅』에서는 치료를 목적으로 한 사람뿐 아니라 가치를 만들어 수요를 창출해야 하기 때문에 환자를 고객으로 지칭하기로 한다.

> 고객은 이기적이다.
> 마케팅의 4가지 측면 중
> 어느 하나만 부족하더라도
> 상품을 사주지 않는다.
> 4가지 측면을 전부 고려하며
> 균형 있게 돈을 써야 한다.

— 필립 코틀러 —

Part I

그림으로 보는
근거기반
병원마케팅

마케팅의 텃밭 가꾸기

〈삼시세끼〉는 케이블 TV에서 방영된 야생버라이어티 프로그램이다. 산촌과 어촌에서 남자들이 하루 세끼를 해결하기 위해 고군분투하는 모습을 사실적으로 담아 인기를 얻었다. 이 프로그램에서는 제작진이 출연자를 위해 가꾸어놓은 텃밭이 등장한다.

이 텃밭의 역할은 출연진들이 '삼시세끼'를 해결하려 할 때 기본재료를 제공해 준다. 프로그램을 보면 실제 텃밭의 역할은 더 크다. 때때로 물고기 잡이가 신통치 않아도 텃밭의 다양한 재료를 활용하면 식탁이 풍성해지는 마법이 이루어진다. 텃밭의 싱싱한 재료를 가마솥에 기름을 붓고 튀기기만 해도 고급 일식집 튀김 못지 않은 튀김이 된다. 텃밭의 위력은 우리의 추억을 되살려 봐도 쉽게 공감할 수 있다.

▶ 삼시세끼 화면 〈출처: tvn〉

시골집에 있는 할머니의 텃밭을 떠올려보자. 갑자기 찾아 온 손님을 대접하기 위해 텃밭에 다녀온 할머니의 바구니에는 싱싱한 가지와 상추 고추 등이 가득 담겨 돌아온다. 가지는 볶음이 되고 매콤한 고추는 된장찌개의 풍미를 높여주고, 향이 살아 있는 상추는 고기를 넣지 않아도 상추 자체로 맛이 좋아 묵은 된장만 발라도 훌륭해진다. 손님은 고봉밥을 다 비우고 툇마루에 앉아 부른 배를 두드리며 행복감에 빠져든다.

병원 마케팅의 텃밭은 병원 안에 있는 고객이고 직원이다. 그들이 함께 만든 이야기이다. 곧 마케팅 활동의 자원이 된다. 병원 안에 이야기가 탄탄하고 싱싱하면 어떤 마케팅 활동에도 자신감이 있고 광고를 위한 기획과정은 한결 수월하다.

마케팅 비용이 절감되는 것은 당연한 결과이다.

기획이나 광고분야에서는 이를 콘텐츠라고 한다. 병원 마케팅의 텃밭을 잘 가꿀 수만 있다면, 마케팅 활동은 어렵지 않을 뿐 아니라 즐겁고 신이 난다.

기업에서나 병원에서나 마케팅 광고활동의 효과는 마케팅에 들인 비용에 비례한다는 속설이 있다. 병원의 규모가 클수록 키워드 광고 비용이 차지하는 비중이 높아지는데 실제로 그 효과를 측정하기 어렵기 때문에 SNS로 광고활동이 이동하면서 병원 광고를 위한 플랫폼 회사가 늘어나고 있다. 예전에는 포털사이트에 지불하던 비용이 플랫폼회사로 옮겨졌을 뿐 다른 업체에 의존한 마케팅 전략은 한계가 있다.

막대한 비용지출보다 더 안타까운 것은 병원에서 마케팅 활동을 기획하고 실행, 평가하는 과정에서 마케팅 활동에 대한 노하우를 쌓을 수 있는데 마케팅 대행을 하면 그 경험이 그대로 업체의 것이 된다는 것이다. 마케팅 예산의 낭비와 마케팅 활동의 콘텐츠 단절이 생겨나게 된다. 이런 순환은 눈에는 보이지 않지만 비용손실이 발생한다. 이러한 현상은 음식점에서 주방장이 노하우를 독점하고 있다가 주방장이 바뀌면 음식 맛이 바뀌게 되는 예와 비교할 수 있다.

　병원 정책에 의해서가 아니라 업체나 담당직원이 바뀌면서 병원마케팅 내용이 바뀌게 된다. 매체나 마케팅 업체에 의존한 마케팅 활동보다는 콘텐츠(텃밭)를 먼저 가꿔야 하는 이유가 여기 있다. 그래서 병원 내 마케팅 담당부서를 만들더라도 콘텐츠를 만들어 내지 못하면 실행력이 떨어져서 결국 마케팅 활동이 일관성 없이 진행된다. 고객들의 뇌리에 광고는 남을지 몰라도 병원이 브랜드로 인지되기에는 어려움이 있다.

⊕ 매체는 밥상

　웹페이지·블로그·SNS·전광판 같은 매체는 텃밭이 원동력이 되어 차려진 밥상이다. 병원 안에 마케팅에 활용할 재료(콘텐츠)가 풍부하다면 어떤 매체를 활용해도 결과는 좋아진다. 음식에도 궁합이 있듯이 물론 콘텐츠에 따라 궁합이 맞는 매체와 표현 형식이 있다. 예를 들어 버스 외부광고판을 활용할 경우 메시지는 되도록 간결하게 하는 것이 좋다.

사랑연 산부인과	예뻐져라
목동역 3번 출구	영자성형외과

버스 외부광고판은 대부분 길 반대편에 서있는 고객에게 노출되고 빠르게 버스가 지나가서 가시성이 낮다. 그럼에도 불구하고 황금노선의 버스 광고를 하게 되면 들인 비용에 대한 보상심리가 작동해서 욕심을 부리게 된다. 찾아와야 하니까 위치도 넣고, 예약해야 하니까 전화번호도 넣고 원장님도 알리고 하다 보면 신문사설만큼 길어지게 된다. 버스 광고를 보게 되는 고객이 초능력을 가지지 않고서야 모든 내용을 읽어낼 수 없다. 지나치면 아무것도 기억하지 못한다.

다매체 시대 마케팅 어떻게 해야 하나?

5년 전까지만 해도 홈페이지와 블로그, 카페 정도만이 병원마케팅에서 주로 정성을 들인 온라인 매체였지만, 스마트폰의 보급과 함께 SNS 채널이 늘어나고 이를 기반으로 사진과 동영상의 전파가 급속도로 빨라지면서 동영상 공유사이트와 인터넷방송도 활기를 띠고 있다. 유용하거나 재미와 감동을 주거나 충격적인 사진이나 영상은 SNS의 SNS를 타고 인터넷이 가능한 세상 어느 곳으로나 순식간에 전달되는 시대가 온 것이다.

과거엔 병원이 다수의 고객을 상대로 블로그나 카페 홈페이지에 정보를 제공했다면, 누구나 매체를 소유하고 있는 요즘은 어떻게 대응해야 하는 걸까?

▶ 요즘 흔한 책상 풍경: 디지털 시대 〈출처: 사랑연〉

▶ 그 안에 진화하는 다양한 SNS 플랫폼 〈출처: 뉴스코리아〉

　현실감 있는 게임을 위해 텔레비전 모니터를 활용하고 친구와 메시지를 주고 받기 위해 휴대폰을 사용하고 편집과 SNS 활동을 위해 타블렛 PC를 사용하고 그룹과제를 위해 노트북을 사용한다. 1인 1매체 이상을 소유하고 있는 요즘 고객은 각자의 필요와 관심사가 아니면 과감하게 스크롤해 지나치고 만다. 이러한 현상이 더 큰 어려움이 되는 것은 고객이 스스로 느끼기도 전에 중독이 되어서 때로는 천천히 관심을 가지고 집중해야 할 정보까지도 지나쳐버린다는 것이다.

한 사람을 위한
밥상을 차려라.
마케팅 활동에서 자원이 될 텃밭이 충분하지 않거나 끈기 있고 책임감 있게 매체를 책임져 줄 직원이나 마케팅 업체와 일하고 있지 않다면 매체 수만을 늘리는 것은 금물이다. 이는 욕심껏 손님을 초대하고 막상 준비된 음식이 없어서 대접이 소홀하면 처음 각오와 다르게 손님의 불평을 사기 때문이다.

홈페이지가 유행처럼 병원개원의 필수 마케팅 요소로 만들어질 때가 있었다. 홈페이지를 간단하게 구축할 수 있는 업체가 있어서 전문 디자이너가 없이도 몇 장의 사진으로 꽤 그럴듯한 홈페이지를 만들 수가 있었다. 당시 대면 상담과 동시에 홈페이지 후기, 실시간 상담을 관리하면서 온라인 마케팅의 핵심은 지속성이라는 것을 배웠다. 조금만 검색하면 개장 휴업상태인 홈페이지나 블로그를 발견하는 것은 어렵지 않다. 때로는 나도 고객의 입장에서 다른 병원 홈페이지를 방문하는 경우가 있는데, 이용후기나 병원소식 등이 업데이트가 되어 있지 않거나 1년 이상 방치되고 있는 느낌을 받으면 왠지 병원에 대한 신뢰가 뚝 떨어진다.

'옆 병원도 시작한다니 우리도 시작해야 하지 않을까?'
'그래도 안 하는 것보다는 하는 게 좋지 않을까?'
하는 생각으로 시작하는 것은 자칫하면 비용은 높고 신용은 떨어뜨릴 수 있다.

🏥 도대체 마케팅 하라는 거야 말라는 거야?

"마케팅 꼭 해야 하나요?"라는 질문을 자주 받는다. 이 질문에 대한 답변은 각자의 경험에 따라 달라지겠지만, 나의 답변은 'YES'이다.

다음 사례는 스터디를 운영하면서 만나게 된 ○○치과 실장의 이야기이다.

> **Q** 우리 병원은 따로 블로그를 운영하거나 요즘 유행하는 홈페이지도 없지만, 개원 3년 만에 자리도 잡고 진료수입도 꾸준하게 늘어나고 있습니다. 진료 잘하고 친절하면 되지 동네병원이 꼭 마케팅을 해야 할까요?

블로그나 홈페이지가 없어서 마케팅 활동을 안하고 있다고 생각하는 것은 마케팅을 좁은 의미로 해석했기 때문이다.

🏥 텃밭과 밥상을 연결하라

마케팅은 경영환경에서 넓은 범위를 포괄하고 있다. 고객의 요구가 다양해지다 못해 개인화되면서 마케팅 활동은 상품을 기획하고 디자인하는 곳에서부터 시작되고 있다.

과거에는 만들기만 하면 팔리던 시대가 있었다고 한다. 병원도 간판걸고 기다리면 찾아와 기다려서라도 치료를 받겠다는 고객들이 많았다는 이야기를 들었지만 최근에는 상상하기도 어려운 모습이다. 그러다

자동화가 가속화되어 생산품이 남아돌기 시작했고, 설상가상 경쟁업체가 등장하게 되면서 마케팅의 개념이 생겨나게 된다. 이때까지만 해도 만든 것을 어떻게 많이 팔까에 대한 활동이 마케팅의 역할이 된다.

에드워드 버네이스 『프로파간다』에는 재미있는 일화가 소개되어 있다.

미국에서 시금치 생산이 많아졌는데, 시금치 소비는 줄어들어 시금치 생산 농가의 시름이 깊어졌다. 이 문제를 어떤 방법으로 해결했을까?

그렇다. 시금치를 먹으면 힘이 생겨 부르터스를 무찌르고 올리브를 구하는 뱃사람 뽀빠이를 탄생시킨다. 초기의 마케팅은 이렇게 잉여상품을 어떻게 팔까를 고민하였지만, 경쟁이 심해지면서 팔리는 상품을 만들고 팔아야 하는 시대가 도래하기 시작한다.

생산 현장과 마케팅 활동의 긴밀한 협조가 이루어지지 않으면, 팔리지 않는 상품만을 만들어내게 되는 것이다. 병원도 병원의 의료서비스의 생산과정에서부터 어떻게 팔 것인가를 염두에 두고 기획되어야 한다. 그러면 인식하지 못했지만 실행하고 있는 마케팅 활동에는 어떤 것이 있을까?

병원을 어디에 열면 고객이 쉽게 이용할 수 있을까? (장소)
진료비는 얼마로 책정하면 고객들이 거부감 없이 받아들일 수 있을까?
(가격)
야간진료를 하는 것이 좋을까? 휴일에는 어떻게 하지? (유통)
병원이름은 뭐로 하지? 간판은 어디에 걸어야 눈에 잘 보일까?
(프로모션:광고활동)

위의 사례자는 마케팅을 프로모션으로 이해하고 있다. 하지만 많은
병원 관계자들과 대화를 해보면 사례자와 비슷하게 이해하고 있는 것
이 사실이다.

상담 내용에서도 마케팅을 좁은 의미로 이해하고 있는 것을 느낄 수
있다.

Q

개원한 지 1~2개월 되었는데 환자가 너무 없어서 고민입니다.
개원 초기에는 물티슈를 나누어 드렸습니다. 간판도 이웃 병원
에서 신고해 3개 중 2개를 떼거나 옮겨야 합니다. 첫달 약 15
일간 새로 내원한 환자의 수는 30명 정도인데, 찾아온 환자들
의 대부분이 치료 동의를 하고 리콜 약속을 한 상태입니다. 그
래서 내원 환자를 늘리는 마케팅을 진행하고 싶지만 지금도 상
담 시 수가를 지키지 못하는 경우가 발생하고 있습니다.

어떤 컨설팅을 해줄 수 있을까?

상권의 규모로 보았을 때, 새로운 환자가 30명이라는 것은 결코 적은 숫자가 아닙니다. 다만 치료기간이 짧은 것을 보니 비교적 간단한 치료를 하러 오시는 분들이 많은 것 같습니다. 내원하는 환자분들의 치료범위를 확대할 필요가 있습니다. 이곳은 역세권이 아니기 때문에 다수를 상대로 하는 판촉행사는 바람직하지 않습니다. 물티슈는 수가를 내리는 마케팅 활동입니다. 물티슈 10개를 합한 정도의 정성이 들어간 답례품이 필요합니다.

제가 이 동네를 처음 알던 때랑은 다르게 막상 와서 살펴보니 연세가 있으신 분들이 많이 있습니다. 단, 예전에 없던 PC방이 생긴걸 보니 낮에는 육아를 담당하는 조부모와 아이들이 동네에 있을 수 있습니다. 그렇다면 환자의 대부분이 학생들과 중장년층일텐데 대기실에 '엄마랑 아기랑' 같은 표지는 주고객 예측을 잘못하신 듯하니 수정하십시오.

혹시라도 운영 중인 블로그나 카페가 있다면, 지역이름을 더 넣은 친근한 주제를 사용하십시오. 치료나 이벤트를 홍보하는 것은 어렵습니다. 개원 이벤트로 미백 할인을 하고 있지만 주고객이 미백에 매력을 느낄만하지 않으니 이벤트가 필요하시다면 내용을 변경하시기 바랍니다.

광고와 프로모션 활동은 최소로 하는 것이 좋다. 일단 병원구성원 각자의 주변에 개원을 알리는 것이 중요하다고 말했다. 활발한 이벤트나 프로모션 활동보다는 한 번 내원한 고객이 손주나 할머니의 손을 잡고 다시 찾아주는 구조를 만들어가기 위해 텃밭을 가꾸어야 할 때이다.

아! 꼭 무언가 광고를 하고 싶다면 마을버스 외부광고를 하는 것을 추천했다.

병원 개원을 준비하면 누구나 마케터가 된다. 장소를 정하고, 어울리는 이름과 간판을 걸고, 인테리어를 시작한다. 인테리어가 진행되는 동안 진료시간을 정하고 기계장비와 동선을 확보하고 소품들을 구비한다.

개원을 준비하면서 병원위치에 공을 들이는 이유는 고객이 병원선택 시 가장 우선으로 고려하는 것이 통원 거리이기 때문이다. 하지만 요즘 고객들은 거리가 가깝다고 무조건 찾지는 않는다. 입구가 찾기 편하면 가산점, 주차가 불편하면 감점, 대기실 환경이 쾌적하면 가산점, 리셉션리스트의 인사가 부족하다고 느끼면 감점, 깨끗한 유니폼은 가산점을 주면서 자신이 이 병원을 통해서 얻을 수 있는 가치가 본인이 지불해야 하는 치료비를 상회하는지를 쉬지 않고 탐색한 후 계속 진료여부를 결정한다.

불공평한 것은 고객들이 접근하기 편리한 곳에 임대계약을 하고, 넓은 주차공간을 확보하고 쾌적한 인테리어 환경을 유지하면서 6개월마다 유니폼을 교체하고 직원교육을 하려면 비용이 높아진다는 것이다. 모든 것을 갖추고도 진료비는 낮았으면 하는 고객의 욕구를 감당해야 하기 때문이다.

⊕ 진료수가를 유지하기 위한 마케팅

겨울방학을 준비하기 위해 '겨울방학맞이 마케팅 계획을 세워라'라는 주제로 팀장급 이상의 회의가 진행되었다.

"수능 이벤트를 하면 어떨까요?"
"너무 흔하지 않아?"

"그래도 겨울에는 수능이벤트를 많이 하잖아요."

"그래 그럼 주제는 정해졌다고 하고, 어떤 내용으로 하지?"

"예비 대학생을 위한 교정+미백/교정+보톡스 등을 패키지로 엮어서 홍보를 해보면 어떨까요?"

"패키지로 치료를 받을 경우 진료비를 할인해 주는 건가? 좋아. 우리는 지금까지 진료비 인하는 해본 적이 없는데 어떻게 알리지?"

"홈페이지에 알리는 것은 좀 그렇고 카페에 게시하고 원내에 이젤을 비치하면 어때요?"

"진료비 인하 계획 말고는 없나?"

"따뜻한 겨울나기 캠페인은 어떠세요?"

"그건 어떤 내용이지?"

판매촉진 활동 중에 가장 효과가 빠르고 확실한 것은 진료비 할인 이벤트이다. 최근에 상담을 진행하면서 나온 이야기 중 하나가 '싸게 하면 누가 못 팔아'이다. 가격은 소비자의 마음을 살 수 있는 가장 강력한 무기이긴 하다. 하지만 고객은 이기적으로 상품을 선택하기 때문에 진료비를 할인 받은 만큼 기대치까지 낮추지는 않는다.

마케팅 활동을 하면 할수록 수가가 낮아지는 활동이 있다. 저가임플란트 홍보를 위해 물티슈가 등장했다. 물티슈는 물품의 단가가 낮아 저수가를 표방하는 병원이 불특정 다수에게 수가를 홍보하는 데 활용하기에는 적당할 수도 있다. 그러나 진료수가를 유지하려는 병원이나 동네병원을 지향하는 병원에서 활용하면 고객에게 저수가의 이미지를 심어줄 수 있어 적당하지 않다.

장기 불황의 시대에는 매출을 증가시키는 것보다 비용을 줄이는 것이 훨씬 올바른 결정이 될 수 있지만, 고객이 사용하거나 보게 될 물건에 지나치게 비용을 아끼는 방법도 고객에게 저렴한 이미지를 줄 수 있다. 예를 들어 대기실의 음료에 할인매장 로고가 크게 새겨진 티백을 준비한다거나 두루마리 화장지를 고객이 사용하도록 하는 경우 등이 있다.

한번은 방문했던 병원에 화장실을 갔다가 화장지가 없는 것을 확인하고 돌아와 리셉션리스트에게 화장지가 없다고 말하며 요청을 했다. 직원은 책상 안쪽에서 두루마리 휴지를 꺼내 전해주면서 한마디 덧붙인다. "여러 곳에서 공동으로 쓰는 화장실이라 그래요." 불편하고 비위생적이고 비합리적이라는 생각이 든 것은 나만일까? 허리띠는 안에서 졸라 메고 고객에게는 최대한의 서비스를 할 수 있도록 디자인을 하자.

마케팅의 대가 필립 코틀러의 말처럼 고객은 이기적이기 때문에 끝이 없다. 진료비용에 가치를 느껴 병원을 선택했다고 하더라도 나머지 비교사항에서도 평균이상의 점수를 받아야 만족을 한다. 오히려 수가에 만족해 병원을 선택했거나, 진료수가를 흥정의 대상으로 여기는 고객일수록 불평이 더 많고, 불만고객으로 전환되는 경우도 있다. 대기시간이 조금만 길어져도 이렇게 불평을 하기 시작한다.

"싸다고 기다리게 하는 거야!"라고 생각하고 말한다.

"그래 내가 기다리는 것은 당연해."라고 여겨주는 고객은 귀하다. 고객이 보고 다니고 느낄 수 있는 것에는 관심을 기울여야 수가를 지킬 수 있다.

나를 먼저 아는 것

고객의 마음을 아는 것이 가장 중요하지만, 무작정 고객만을 위하다 가는 감정노동의 피해자가 되어 소화불량과 탈모 또는 직원들의 잦은 이직을 경험하게 될 수 있다.

우리 병원에 대해서 잘 아는 것은 텃밭에 어떤 재료가 있고, 나는 어떤 요리에 자신이 있으니 우리의 메인 메뉴와 오늘의 요리를 결정하는 것과 같다.

새로운 병원을 방문할 때는 특별한 경우를 제외하고는 대중교통을 이용한다. 만나야 하는 병원에 대한 이해가 낮은 상태에서 일반적인 내용으로 대화 시간을 보내고 싶지 않아서이다. 이런 행동이 습관이 되어서 여행을 할 때도 지역에 따라 병원의 입지나 간판모양, 병원의 이름을 유심히 관찰하게 된다. 대중교통을 이용해 병원 주변을 알고 방문하면 대화를 더 구체적이고 실질적으로 할 수 있게 되어 좋다.

또 그렇게 걷다 보면 깜짝 놀랄 때도 있다. 바로 옆동네는 한가해서 '이런 곳에 병원을 새로 개원했으니 원장님 애 좀 타시겠다.'고 생각하며 걷다가 골목 하나만을 벗어났을 뿐인데, 갑자기 번화가로 돌변하는 마술 같은 일을 겪기도 한다. 여담이지만 작은 나라에 작은 도시를 다니더라도 갑자기 바뀌는 풍경에 놀라기도 한다. 그렇게 발로 뛰며 사진도 찍고 사람들도 구경하며 메모도 한다.

다음은 어느 지역의 사진일까?

두번째 질문. 가장 눈에 띄는 병원의 이름은 무엇인가?

왼쪽부터 차례로 압구정역 / 천안 시외버스터미널 / 전남 구례읍이다. 마지막 병원의 간판이 가장 수수하고 평범한 간판임에도 불구하고 가장 눈에 띈다. 이는 경쟁보다는 안정을 선택한 선물일지도 모른다.

경쟁이 치열할수록 간판을 튀게 만들 수밖에 없다. 그렇게 공들여 만든 간판이 기대만큼 고객의 시선을 끌지는 못하는 것 같다. 가운데 사진을 보여주며 어떤 간판이 가장 먼저 시선에 들어오냐고 물으면 아마 한결 같은 대답은 나오지 않을 것이다. 간판이 크기만 하다고 모두 고객의 시선을 끌어 당기는 것은 아니다.

병원은 인적자원을 기반으로 의료와 서비스를 제공하는 장소이기 때문에 병원의 위치와 주변환경에 따라 필연적으로 경영하는 데 많은 영향을 받게 된다. 가장 먼저 결정하는 것이 병원의 위치와 이름 간판이다.

위 사진만 비교해 보아도 알 수 있다. 임대료는 비싸지만, 고객들이 찾기 쉽고 유동인구가 많은 전철역 인근에 개원하는 것이 좋을지, 유동인구는 적지만 투자비용이 적고 비교적 고객 수급이 안정적인 입지를 정할지에 대한 고민부터가 마케팅의 시작이자 가장 중요한 요소를 정하게 되는 것이다. 20년 전까지만 해도 목 좋은 곳에 간판만 떡 걸어두면 알아서 고객이 찾아오던 황금시대가 있었다. 이제 그 정도로 넘어오는 고객은 적다.

노령화, 디지털화, 초연결성을 키워드로 하는 요즘의 병원마케팅은 어떻게 하는 것이 좋을까?

📍 나비처럼 날아서 벌처럼 쏘다

얼마 전에 직원이 SNS에 올린 사진이 물의를 일으켜 한 성형외과에 큰 타격을 준 일이 있었다. 병원측은 사과문을 올리고 발 빠르게 후속조치를 취했지만, 디지털 연결성을 기반으로 퍼지는 소문을 잠재우기는 어려워 결국은 각 인터넷 사이트를 대상으로 관련기사를 올리지 못하도록 강경하게 대응했다. 이런 일이 한번 생기면, 막대한 자금을 투자해 진행한 마케팅 활동이 무의미해진다.

이런 현상은 병원에서만 생기는 것이 아니다. 국회의원이 한 발언이 한 네티즌에게 찍혀 SNS를 떠돌아 사퇴를 하게 되거나, 재벌 2세의 갑질이 승객들의 증언과 녹취록으로 발견되어 당사자가 처벌을 받게 되는 사건도 신문에 대서특필이 된다.

이제 한방 크게 한 건 할 수 있는 마케팅 전략은 없다고 해도 과언이 아니다. 지속적으로 고객을 탐색하고 결정적인 순간을 놓치지 않고 고객이 넘어 올 수 있는 작은 주먹질과 빠른 발이 더 효과가 있다. 한번 맺은 인연을 끝까지 이어갈 수 있도록 관리망을 잘 짜두어야 한다. 병원의 마케팅 활동은 우리가 숨을 쉬고 맥박이 뛰고 얼굴이 빨개지고 체온을 유지하는 활동처럼 자연스러운 생리현상이 되었다.

기념일에만 이벤트를 해주는 남자친구보다는 평소에 사랑한다는 표현도 자주해주고 여자친구의 취향이나 사소한 습관 같은 것을 기억했다가 챙겨주는 남자친구가 더 사랑받는다. 두 가지를 효과적으로 섞어 시행할 줄 아는 것이 마케팅의 핵심이다.

'나비처럼 날아서 벌처럼 쏘다.'는 전 세계 복싱 헤비급 챔피언인 무하마드 알리가 도전자 클리어에게 KO승으로 이기고 남긴 말이다.

'초경쟁, 초스피드, 초능력' 무엇이든 초월하지 못하고서는 생존하기 어려운 요즘 무엇보다 철저한 자기관리와 확실한 기회포착이 요구된다.

평소에 텃밭을 잘 꾸어야 하는 이유이기도 하다. 사람으로 비유한다면 평소에 꾸준하게 운동하고 규칙적인 식생활과 절주와 금연을 생활화한 사람이 응급한 상황에서 재난을 최소화하고 생존가능성을 높일 수 있는 것과 마찬가지다.

마케팅 활동을 큰 거 한방이나, 진료수입이 하락할 때 기사회생의 기회로 여기지 않고 건강관리하는 것과 같이 하나의 과정으로 여기고 꾸준하게 하다 보면 모르는 사이에 병원이 건강해지는 것을 체험할 수 있게 된다.

그림으로 보는 근거기반 병원마케팅

병이 들고 고통과 통증을 호소하는 고객뿐만 아니라, 고객의 건강을 책임져야 하는 병원종사자들에게 건강한 병원이 마케팅 활동에서도 승리할 수 있다는 것을 설명하기 위한 좋은 모델을 만들기 위해 고민의 고민을 거듭했다.

〈근거기반 병원마케팅 인체도에 대한 설명〉

- 병원마케팅의 6가지 구성요소는 서로 유기체적인 관계를 가지고 있다. 예를 들어 뜨거운 물체에 손이 닿는다면, 갑자기 자극을 받은 인체가 반응하듯이 인체 안의 요소들의 작은 자극에도 마케팅 활동에 반영되고, 반대로 잘된 마케팅 활동은 내부의 시스템에 영향을 주게 되면서 상호영향을 준다.

- 각 병원의 특성상 어떤 요소에 더 비중을 두느냐는 각자의 몫이지만, ①∼⑥까지는 저자가 중요하다고 생각되는 순서이며, 마케팅 기획과정의 순서이기도 하다. 본문에서 각 항목에 대해서 순서대로 자세하게 설명할 것이다.

- 변화 환경요소에 대해서는 표시하지 않았다. 마케팅 활동을 기획할 때 무엇보다 고려되어야 할 것이 의료정책의 변화와 경쟁상황의 변화 또는 전체적인 경제상황 등 염두해야 할 것이 많다. 환경적인 요소는 내부통제가 어렵다. 다만 내부시스템과 선택에 대한 가치관이 명확하다면 환경적 변화에 빠르고 능동적으로 대처할 수 있을 것이라는 것이 전제가 된다. 실제로 꾸준하게 병원을 변화시키며 환경에 적응해가는 마케팅 활동의 성과를 이루고 있는 병원의 사례가 소개된다.

▶ 근거기반 병원마케팅의 구성요소 〈출처: 사랑받는병원연구소〉

⑥ 마케팅 표현수단
 - 판촉활동
   영업활동
   이벤트
   제휴활동
 - 매체전략
 - ONLine
   웹페이지
   블로그
   페이스북
   트위터
 - OFFLine
   버스음성
   버스광공
   정류장
   옥외광고
 - 홍보활동
   사회공헌
   문화사업
   문화공간
   지역연계사업

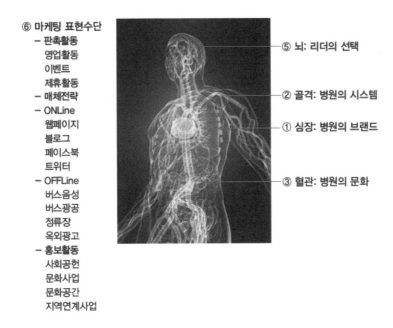

⑤ 뇌: 리더의 선택

② 골격: 병원의 시스템

① 심장: 병원의 브랜드

③ 혈관: 병원의 문화

▶ 병원마케팅에서 환자와 직원의 역할 〈출처: 사랑받는병원연구소〉

④ 직원: 병원의 문화 매개
   생명유지

혈관
백혈구
혈소판
적혈구

④ 환자: 병원의 발전동력
   문화소비 / 전달

① 심장 : 병원의 브랜드

브랜드란 대체 무엇인가? 고객의 마음속에서 하나의 카테고리를 차지하는 단어이다. 코카콜라는 소비자의 마음속에 '콜라'라는 카테고리를 차지한다. 구글은 '검색'을, 레드불은 '에너지드링크'에, 싸이는 '강남스타일'이라는 카테고리를 차지했다. 〈알 리스 & 로라 리스의 『브랜드 론칭 불변의 법칙』〉

예전에는 병원 간판자체가 브랜드가 되기도 했다. 그때는 대부분 병원의 개성을 표현하기보다는 원장이름 그대로 브랜드가 되었지만 이제 그것만으로 부족해졌다. 브랜드를 만들어 가는 작업이 필요하다.

최근에는 척추전문병원의 뼈를 주제로 한 직접적이고 창의적인 네이밍이 이색적이다.

> 세움 / 척 / 바른 / 튼튼 / 마디 /모커리

지나가다 버스에 부착된 광고판만 봐도 허리를 짚어보게 된다. 그런데 정형외과나 척추전문 병원이라는 것은 알겠는데, 특별하게 차별화된다는 느낌을 받기는 어렵다.

어느 날 대기실에서 진료대기 중이던 고객의 전화 내용을 우연치 않게 듣게 되었다. 친구와 약속시간을 조정하고 있는 중인 것 같았다.
"아 몰라. 아직 치료 못 받고 있어. 지금 치과치과!!"
상대가 어디 치과인지를 묻는 것 같았다.

"어 잠깐."하고 잠시 고개를 들어 병원 내부를 살펴보는 것을 목격하면서 큰 충격을 받았다. 2~3회 내원한 고객에게 병원이 그저 아픈 치아를 치료하는 치과일 뿐 더 이상의 의미를 주지 못한 것 같아서 부끄럽고 충격적이었다. 반면 신촌지하철역에서 마을버스를 타면 꼭 이렇게 행선지를 물어보고 탑승하는 승객이 있다.

"세브란스 가요??"

여기서 말하는 '세브란스'란 병원을 말한다는 것을 아마 버스기사, 승객은 물론 이 책을 읽고 있는 독자들도 알고 있을 것이다. 물론 세브란스병원은 명실상부한 대표적인 종합병원이다. 하지만 그만큼 병원의 기능으로서만이 아니라 고유 브랜드로서 고객에게 자리잡은 것이다. 그래서 나도 시험을 해 보았다. 병원 앞에는 항상 택시가 줄을 지어 승객을 기다린다. 병원 앞에 있는 택시를 잡아타고 "○○병원으로 가주세요."라고 했더니 기사님에게서 돌아온 대답은 "거기가 어디인가요?"였다. 이때부터 항상 택시를 탈 때면 항상 병원이름으로 행선지를 말하는 습관이 생겼다.

최근에는 전문병원도 철저히 브랜드에 의해 성공한 병원이 많이 생겨나고 있다. 성형외과는 어디가 유명하고 라식은 어디가 잘하고 비수술 전문 척추병원은 어디인지에 대한 고객들의 정보를 공유라인이 있다.

⊕ 브랜드가 첫 번째인 이유

예전에는 병원을 개원하고 의사면허가 있는 것 자체로 충분하게 브랜드 가치가 있었다. 하지만 지금은 어떤가? 앞에서 든 예시처럼 아파서 오긴 왔지만 고객에게는 우리 병원과 옆에 건물에 있는 병원과 차이가 없이 똑같이 '레이저로 치료하는 곳'으로 자리하면 곤란하다.

"그래 그럼. 기왕 들어온 김에 검사나 좀 받아보지 뭐."하고 얻어 걸리는 경우도 있지만, 마냥 좋아할 만한 일이 아니다.

브랜드에 대한 고민은 개원초기부터 가져야 한다. 우리 병원이 고객들의 머리 속에 어떤 이미지로 그려지길 원하는지를 그려서 개원초기부터 브랜드와 관련한 마케팅 활동을 전개해 나가야 한다. 브랜드가 고객의 머리 속에 각인되기 위해서는 10,000번 이상 메시지를 반복해야 한다고 한다. 그렇게 되면 이런 현상이 일어난다.

빨래를 비벼 빨지 않아도 되는 세제가 나왔을 때 우리 어머니는 심부름 시킬 때 내게 '분말세제' 사오라고 하지 않으시고 '한스푼' 사오라고 하셨다. 하지만 '한스푼'이 없어서 '스파크'를 사가도 혼내지 않으셨다. 섬유유연제도 마찬가지다. '피죤 사와라'하지 '섬유유연제가 떨어졌다.'고 하지 않는다. 제품이나 서비스 자체가 그 대명사가 된 경우이다.

그 병원의 역사가
그 진료과목의 역사가
되도록 만드는 것이
브랜드이다.

비가 오기 전날 허리 아파 잠을 설치는 어머니에게 "병원 가보세요."가 아니라 "허리 아플 땐 ○○병원이 좋다니까 가보세요."라는 말이 나오게 된다면 그 병원은 허리라는 카테고리를 선점해 멋지게 브랜딩에 성공했다고 할 수 있다.

브랜드가 중요한 이유는
선택의 기준이 되어주기
때문이다.

최저가와 유머경영으로 유명한 사우스웨스트항공을 생각해 보자. 당신이 사우스웨스트항공의 CEO다. 어느 직원이 생일을 맞은 승객에게 케이크를 선물하자고 건의를 한다면 당신은 어떻게 하겠는가? 사우스웨스트항공의 CEO인 허브 캘러허는 이렇게 말했다고 한다.

"생일을 맞이한 승객 모두에게 케이크를 선물한다면 최저가를 유지할 수 있겠나?"

생일 축하노래를 불러주는 것은 좋지만, 꽃가루를 뿌리는 건 금지다. 꽃가루를 치우기 위해 별도의 인력이 필요하고 운항시간이 지연될 수 있기 때문이다.

'환자의 필요를 최우선'으로 라는 슬로건을 지키기로 유명한 미국의 메이요클리닉은 어떤가? 응급하게 수술해야 할 환자가 있다면, 의사도 환자의 수술스케줄에 맞춰 진료시간을 조정한다.

환자나 직원의 선택기준이 되는
브랜드가 살아 숨을 쉬어야 한다.

병원의 브랜드를 심장에 비유한 이유는 그만큼 브랜드가 의료서비스의 색과 질을 결정하기 때문이다.

신뢰의 속도

개원 초기에 선점한 카테고리를 우리 병원의 브랜드로 안착시키는 데 성공했다면 앞으로의 병원경영과 마케팅 활동은 한결 수월해진다. 물론 그렇다고 안심하는 것은 이르다. 브랜드의 안착은 곧 고객이 우리의 메시지를 이해하고 믿어주기 시작했다는 신호이다.

브랜드가 가장 중요한 이유는 신뢰의 기반이 되기 때문이다.

모든 개인이나 조직이 그렇지만, 신뢰를 구축하는 것은 무엇보다 중요하다. 신뢰의 속도는 『성공하는 사람들의 7가지 습관』으로 유명한 스티브 코비의 아들 스티븐 M.R 코비의 책 『신뢰의 속도』에서 차용한 제목이다. 전작 『병원상담의 모든 것』에서도 신뢰를 많이 강조했지만 다매체 사회가 되면서 조직의 투명한 경영을 통한 '신뢰 쌓기'는 무엇보다 중요하다.

이제 고객은 기업이 말한 그대로를 믿지 않고 스스로 검증한 연후에야 기업을 믿기 시작한다. 병원의 브랜드가 잘 정착되었다면 그만큼 일관되게 브랜드를 말하고 행동으로 연결했기 때문에 고객이 '이제 그만 이 병원을 믿기로 했어.'라고 인정했다고 생각해도 좋다.

신뢰를 한마디로 정의한다면 말과 행동의 일치를 말한다.

스티븐 코비는 『신뢰의 속도』에서 '신뢰가 높아지면 속도는 빨라지고 비용은 내려간다.'고 했다. 고객이 병원을 탐색하고 이해하는 시간을 줄일 수 있기 때문에 속도는 빨라진다. 뿐만 아니라 내부에서도 선택의 기준이 명확하기 때문에 의사결정이 빨라지고 서비스 전달속도까지 같이 빨라진다. 자연스럽게 고객을 유치하기 위한 마케팅 활동 비용이 줄고, 병원 경영에 필요한 제비용이 줄어드는 건 당연한 결과이다.

하나의 카테고리만 먼저 차지할 수 있다면, 추가적인 비용지출 없이 지속적으로 활용 가능한 브랜드를 어떻게 만들 수 있을까? 브랜드 큰 병원이나 유명인에게나 어울리는 것은 아닐까? 아니다. 현재 다른 병원들이 먼저 차지한 브랜드를 유심히 살펴보고, 고객을 잘 관찰해 빈 공간을 찾아서 자리를 잡으면 브랜드를 만들 수 있다. 이를 마케팅 용어로는 '포지셔닝'이라고 한다.

⊕ 브랜드는 어떻게 만들어야 하나

병원 브랜드를 가만히 살펴보면 브랜딩한 카테고리를 정해볼 수 있다. 병원을 대표하는 의사를 필두로 브랜딩하는 경우이다. EBS 프로그램 '名醫'에 나오는 의사처럼 '호흡기 질환은 ○○○이 잘한다더라. 그 병원이 어디지?'하고 찾아가는 것이다.

때로는 TV 건강상식 프로그램에 출연해 건강에 대해 카운슬링 해주는 의사가 연예인보다 더 인기를 끄는 경우도 있다. "누군데 저렇게 말을 잘해, 비만을 전문으로 하는 의사야?" 자막에 나온 이름을 인터넷에 검색해 보는 경우를 들 수 있다. 다음으로 많은 것이 진료방법이나 진료기술로 브랜딩하는 경우이다. 인공관절 개발 비수술 척추치료나

가슴확대술 등 최초로 시도했거나 개발한 진료기술을 홍보해 브랜딩을 하는 경우이다.

먼저 소개한 방법은 주로 의료의 전문성을 사람과 진료기술을 내세워 포지셔닝한 경우이라면, 고객의 두려움이나 불안감을 해소하기 위한 브랜드도 생각해 볼 수 있다. 고객에게 접근성이 좋은 전문성에 대한 카테고리를 자금력과 자원이 풍부한 병원이 먼저 상용했더라도 길은 있다.

📍 진료브랜드를 세분화하라

㈜착한마케팅 조종만 대표는 병원이 병원답게 브랜딩하기 위해서는 진료브랜딩이 필수라고 한다. 병원진료를 세분화해 다른 병원이 미처 사용하고 있지 않은 카테고리를 우리 병원의 브랜드화 시키고 세분화한 키워드를 집중적으로 관리하기 때문에 비용을 절약할 수 있다는 것 또한 좋은 소식이다.

많은 병원들이 탐을 내는 카테고리는 관리하는 데 시간과 노력이 많이 들지만, 실제로 다수의 병원이 경쟁을 하기 때문에 고객이 검색했다고 해서 모두 우리 병원의 고객으로 전환되는 것은 아니다. 주 진료내용마다 차이가 있겠지만, 일반적인 카테고리를 나눠 세분화해 보는 것이다.

성형외과라고 해보자. 성형외과-쌍꺼풀수술-쌍수라는 단어는 많은 성형외과에서 탐내는 인기 카테고리이다. 이런 경우, 카테고리를 좁혀

보는 것이다. 처진눈, 사나운눈, 작은눈, 새우눈 등 정말 아무에게도 말하지 못하고 혼자만의 콤플렉스를 가지고 살아왔을 것 같은 고객의 마음을 공감해 줄 수 있는 키워드로 넓혀가는 것이다.

카테고리를 지나치게 좁히면 고객층이 얇아져 병원이 경제적인 어려움에 처하지 않을까 걱정하는 질문을 했다. 전혀 그렇지 않다고 한다.

마케팅 비용이 절감될 뿐 아니라, 자신의 문제에 대해 구체적인 공감과 문제해결을 경험한 고객의 충성도가 높아져 수가를 유지할 수 있었던 것은 물론이고 소개 비율도 높아져서 세분화한 진료브랜드를 만들어 사용해 본 병원은 계속 함께 일을 할 수 있게 된다고 한다.

하나뿐인 진료브랜드를 만드는 것

병원의 전문적인 브랜드 입지는 무엇보다 중요하다고 할 수 있다. 가끔 전문성을 강조하기 위해 외적인 요소에서 전문성을 차용하는 경우가 있다. 예를 들어 병원에 레이저 치료법을 도입하고, 그것이 업계에 유행을 하게 되면 장비를 도입해 마케팅으로 활용하는 방법을 말한다. 이러한 방법은 초기투자비가 많이 들어 부담이 되지만 병원의 전문성을 알려 고객의 신뢰를 받을 수 있는 좋은 방법이다.

브랜드를 만들어 가는 데 조금 더 정성을 들여야 하는 이유는 외부적인 요소를 부과하여 만든 브랜드는 빠르게 일반화되어 버릴 수 있기 때문이다. 경쟁병원에서 쉽게 따라 할 수 있게 되면, 브랜드로서의 가치는 떨어질 수밖에 없다.

친밀함을 브랜딩하다

마케팅 담당직원과 아이디어 회의를 하다 오고 간 대화이다.

"모든 기구를 철저하게 소독하는 것을 부각시키는 건 어때?"
"그게 무슨 효과가 있을까요?"
"고객이 병원에 바라는 것이 뭐야?"
"빨리 싸게 잘 치료받는 거죠." 당연하단 듯이 심드렁하게 쳐다본다.
"소독과 위생관념이 투철한 곳에서 치료 받고 싶어, 아니야?"
"그야 당연한데, 병원이 소독을 열심히 하는 것은 당연한 거잖아요."
"그런데 소독이 잘 되고 있는지 어떻게 알 수 있지?"

임상경험이 없는 마케팅 담당직원은 철저하게 고객입장을 대변하고 있었다. 고객은 병원이 당연하게 깨끗한 유니폼을 입고 철저하게 멸균이 된 곳이어야 한다고 믿었기에, 그 과정이 얼마나 중요하고 손이 많이 가는 일인지 알지 못했다.

전문성을 강조하는 기법은 고객의 이성에 호소하는 것이라고 할 수 있다. 병원을 찾은 고객 중에는 가끔 몸을 치료받기 위해 왔다가 마음을 다쳤다는 말을 하는 경우가 발생한다. 병원을 찾는 고객들의 감정을 읽고 편안함, 정성, 통증해소, 안전 등으로 브랜드를 만들어 보는 것도 좋다.

자동차도 안전이나 주행거리, 엔진의 힘, 승차감을 강조하는 차가 있는 반면 디자인, 스타일, 여행 등 고객의 라이프 스타일을 세분화해 기대효과를 올리는 방법을 쓰는 경우도 있다. 입이 떡 벌어질 정도의 가격대인 자동차는 희소성을 강조해 고객들의 애간장을 녹이기도 한다.

특히, 친밀함을 브랜드로 만들어가는 것은 규모가 작은 병원에서 더 효과적인 방법이다. 연구된 자료에 따르면 의료전문가와 고객 모두 감성적인 접근에 더 긍정적인 영향을 받는 것으로 나타났고, 의료전문가에 비해 고객이 이성적인 접근보다 감성적인 접근법에 더 많은 긍정적영향을 받는 것으로 나타났다.

이성적인 접근과 감성적인 접근을 설명하기 좋은 사례가 있어 소개하도록 한다. 대형 할인매장의 물류운송차량을 우연한 기회에 찍을 수 있게 되었는데 그 느낌이 달랐다.

"지금, 이 차는 신선함을 배달하고 있습니다."

"손가락만 까딱하면 무거운 장바구니가 집으로"

어느 문장에 더 공감하는지는 개인이 할인마트에 기대하는 가치에 따라 다르게 나타날 수 있다. 다만, 두 사례를 가지고 이야기 하고 싶은 것은 같은 사실과 사건도 다르게 표현될 수 있다는 것이다.

병원에 새로 카페를 개설했다고 가정을 했을 때 두 가지로 접근할 수 있게 된다.

"따뜻한 차와 함께 잠시 여유를 즐기세요. ○○카페"
"고객님의 진료편의를 위해 ○월 ○일부터 카페를 개설하였습니다."

친밀함을 브랜드로 하기 위해서는 친밀함이 생활화가 되어야 한다. 그럴 때 사용하는 단어로는 '친구, 가족, 즐거운 이웃, 따뜻함 또는 돌봄'이 있다. 특히 요양병원의 경우는 친밀함과 보호를 많이 어필하고 있는데, 보호받고 고통을 나누고 싶어서 찾아간 병원이 시작부터 냉랭한 기운이 감돌면 속았다는 기분이 들지 않을 수 없다. 고객이 병원이 내

건 브랜드와 진료서비스 체험에 대한 불일치를 느끼기 시작하면 직원들은 두말할 것도 없이 뒤에서 말이 참 많다.

'즐겁긴 뭐가 즐겁다는 거야?'

'직원들을 먼저 가족같이 대해야지.'

이쯤되면 브랜드는 흔들리기 시작한다.

브랜드 : 운명하셨습니다

브랜드를 만들기 위해 긴 여정을 지나 고객의 신뢰를 받게 되면, 병원경영에는 속도가 빨라지고 비용이 절감되는 효과를 볼 수 있다.

브랜드의 힘은 강력하다. 해마다 경영컨설팅회사에서는 세계기업의 브랜드 가치의 순위를 정하고, 경제적 가치를 환산한다. 이 경제적 가치는 즉시 기업의 이익으로 나타나지 않는 잠재적 가치를 말한다. 이렇게 어마어마한 가치를 지니고 있는 브랜드(고객신뢰)에 대한 뼈 아픈 속담이 있다.

공든 탑이 무너지랴.

⊕ 브랜드 형성이 초기에 실패하는 경우

알 리스 & 로라 리스의『브랜드 론칭 불변의 법칙』에 보면 브랜드의 론칭 실패는 지나치게 광범위하게 카테고리를 설정하는 경우를 예로 들고 있다. 종합선물세트 같은 포부를 밝히면, 고객은 병원의 어디에 집중해야 할지 혼동하게 된다. 더 많은 경우 병원 브랜드는 초기 정착이 어려운 경우가 대부분이며, 이는 의료종사자들의 합의를 얻지 못했기 때문이다.

많은 노력과 비용, 시간을 투자해 고민한 브랜드가 자리잡지 못해 물과 기름처럼 겉돌다가 병원 따로 브랜드 따로 운영되고 있는 모습을 보면 안타깝다. 우리의 브랜드가 잘 운영되고 있는지에 대한 자가체크 방법은 간단하다. 우선 홈페이지에 들어가 게시물이 일관되게 운영되고 있는지 체크해 본다. 무언가 산만하고 편안한 느낌을 받지 못했다면, 복도에서 만난 직원에게 우리 병원은 어떤 병원인지 물어 보자. 네다섯 명에게 물어 보았을 때 같은 대답을 하는지 체크해 보는 것이다. 마지막으로 고객의 재내원율을 조사해 다시 한번 확인해 볼 수 있다면 더 확실하게 알 수 있다.

시작이 반이라는 말이 있지만, 여러 조직을 관찰해 보면 오히려 시작이 가장 쉽다는 생각이 든다. 브랜드를 만들어 가는 과정도 마찬가지이다. 개원 초기 많은 비용을 투자해 로고도 만들고 슬로건도 만들고 곳곳에 디자인적인 요소를 도입해 시작을 했더라도, 브랜드의 모든 요소를 구성원과 고객에게 지속적으로 알리고 공유해 그들이 병원을 그렇게 이해하고 불러주어야 브랜드 구축에 성공한 것이다. 성장과정에 동참해 주지 않는 상황에서 브랜드가 고객의 동의를 얻고 있다고 생각하는 것은 착각이다. 초기 기획과 의도와는 다르게 제 힘을 발휘하지 못하고 작아지는 브랜드의 모습을 표현하면 아래 그래프와 같다.

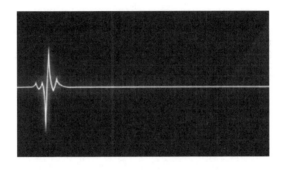

그렇다면, 브랜드가 정상맥박을 유지하며 오랫동안 고객의 신뢰를 받을 수 있게 하려면 어떻게 해야 할 까?

건강한 병원브랜드

건강한 사람에 대한 기준이 있다. 또 건강을 위한 생활지침이 있다. 규칙적인 식사와 짜고 단 음식은 피하고 1주일에 3회 이상 땀이 날 정도의 운동을 해야 한다. 하지만 귀찮기도 하고 바빠서 챙겨주는 사람이 없어서 지키기가 어렵다.

건강한 브랜드는
시작이 아니라
완성되는 과정이다.

브랜드 건강을 위해서도 기준이 있다. 하지만 건강한 브랜드를 위한 지침은 저마다 정리한 내용은 있지만, 일반적으로 통용되는 내용은 아직 없다. 크고 작은 병원의 브랜드 성장과정을 지켜보기도 하고, 때로는 듣기도 하면서 브랜드의 건강은 어느 한 시점이 아니라 꾸준한 관리과정으로 얻어지는 것임을 알게 되었다.

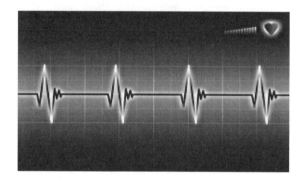

이것은 마치 몸 건강을 위해서 식단을 관리하고 꾸준하게 운동을 하면서 술담배를 줄이고 적절하게 스트레스를 해소하는 과정과 유사하다.

조직도 평소에 건강관리를 잘해 두어야 마케팅에 날개를 달 수 있게 된다. 그렇다면 고객 신뢰의 척도가 되는 브랜드 가치를 올리기 위해서는 어떻게 해야 하는가?

② 골격 : 병원의 시스템

시스템을 구축하는 것은 각각의 병원마다 비슷한 듯 하지만, 모두 다르기도 하기 때문에 여기에 정의하기는 어렵다.

시스템의 사전적 정의도 광범위하다.
① 체계, 조직, 제도 등 요소의 집합이나 요소와 요소 간의 집합
② 어떤 과업의 수행이나 목적 달성을 위해 공동 작업하는 조직화된 구성 요소의 집합
③ 지정된 정보 처리 기능을 수행하기 위하여 조직화되고 규칙적으로 상호 작용하는 기기, 방법, 절차, 그리고 경우에 따라 인간도 포함하는 구성 요소들의 집합 〈출처: 네이버지식백과〉

정의를 보아서는 조직의 모든 것을 말하는 듯하다. 『사랑받는 병원마케팅』에서는 시스템을 조직의 형태를 유지하고 지지해주는 마케팅의 구성요소로 정의하도록 하자. 시스템의 외적요소와 시스템의 내적요소 두 분류로 나누어 설명하도록 하겠다.

잘 갖추어진 시스템은 그 자체로 훌륭한 마케팅 콘텐츠가 된다. 진료시간은 의료기관과 고객의 가장 기본적인 약속이다. 진료시간을 차별화해 마케팅에 성공한 병원도 많이 있다. 직장인들의 편의를 위해 오후부터 늦은 밤에 진료하는 병원이나, 365일 병원을 오픈하기도 하고 휴일진료를 시작하는 병원도 늘어나고 있다. 개인병원의 경우 이러한 기본적인 약속이 지켜지지 않는 경우가 있다.

이미 병원에 대한 충성도가 높은 고객은 이해의 폭이 넓을 수 있지만 그렇지 않은 경우에는 진료시간을 변경하는 것은 감점 요소가 된다. 진료시간을 무한정 연장하는 것을 추천하는 것이 아니다. 한번 정해진 고객과의 약속을 지킬 수 있도록 대안을 가지고 운영해야 한다. .

병원의 시스템은 진료시간에서 병원위치, 진료과목과 이런 내용들을 알리는 표지판 등 사소한 것에서부터 병원을 형성하고 있는 문화와 병원 구성원들이 공유하고 있는 가치관까지 병원을 구성하는 전부라고 할 수 있다. 병원 브랜드를 만들어 가는 데 중요한 요소를 중점으로 다루도록 하겠다. 병원 시스템을 설계할 때 개원 초 마음 속에 그렸던, 앞으로의 병원의 성장된 모습을 그리면서 설계되어야 한다. 그 시스템 자체가 마케팅에 활용할 수 있는 좋은 재료이기 때문이다.

⊕ 지킬 수 있는 약속하기

다이어트를 예로 들어 설명해 보자. 체중 감량을 통해서 건강과 매력을 찾고 싶다는 목표를 정하고 식단을 어떻게 구성할지, 일과표는 어떻게 짜야 할지 고민하는 것과 같다고 할 수 있다.

혹은 식단과 일과표는 잘 짜여졌지만, 지키지 못해 다이어트에 실패한 후 대부분 자기는 20년간 다이어트를 끊임없이 해왔는데 살이 빠지지 않는 이유를 모르겠다고 한다. 계획 자체가 문제가 있어서 다이어트에 실패하는 경우는 드물다. 실천하는 사람의 의지가 가장 중요하다.

병원컨설팅이 유행처럼 번진 때가 있었다. 양질의 서비스를 제공하는 병원으로 도약하기 위해서 병원 총람도 만들고 규정집 매뉴얼 등을 만드는 방대한 작업과 내부직원에게 서비스 교육과 커뮤니케이션 마인드 교육도 하면서 고객에게 더 좋은 서비스를 제공하는 발전하는 계기를 마련하게 되리라는 기대를 가졌다.

규정집과 매뉴얼도 다이어트 계획표와 같다. 컨설팅을 받았는데 왜 병원이 좋아지지 않는지 이유를 모르겠다고 하고, 오히려 계속되는 교육과 새로운 업무에 대한 압박에 직원들만 자꾸 바뀌게 되었다는 하소연도 듣게 된다. 다이어트의 사례처럼 컨설팅 자체에 굉장한 결함이 있어서 시스템 안착에 실패하는 경우는 드물다. 실천하는 조직원들의 의지가 가장 중요하다고 할 수 있다.

시스템을 만들어 가는 것이나 전략을 세우는 것은 오히려 쉽다. 그 전략을 꾸준하게 실행해 고객의 신뢰를 얻는 과정은 한편의 드라마를 쓰는 것과 같다.

병원마케팅 3.0

필립 코틀러의 『마켓 3.0』에 이렇게 설명한 구절이 있다.

> 3.0 기업은 자신들이 실현하고 만들어내는 모든 것을 인간의 열망과 가치, 영혼의 무대로 올려놓는다. 3.0 시장은 소비자를 단순한 상품 구매의 대상이 아니라 완전한 인간 존재로 믿으며, 그들의 드러난 요구뿐 아니라 감춰진 바람까지 염두에 둘 것을 요구하기 때문이다. 이렇듯 3.0 시장은 감성을 충족시키는 마케팅을 넘어서, 영혼을 감동시키는 마케팅을 요구한다.

『마켓 3.0』을 읽고 토론을 했다. 이런 토론을 통해 진료경험이 있는 사람과 비진료파트 직원의 의견이 확연하게 차이가 나는 것을 볼 수 있고, 동시에 다른 관점에 대한 견해를 경험할 수 있어 재미있다.

"책 내용은 좋았지만, '너무 고객에게 이끌려 가는 것 아닌가'하는 생각을 하게 되었습니다."

"기존에 하던 방식의 마케팅 내용 말고 고객과 함께할 수 있는 마케팅 출구를 찾아야 하는데 진료팀의 협조를 얻기가 어렵습니다."

"아직 우리나라 실정에는 마켓 2.0 시대의 모습이 더 많습니다. 그리고 1.0에 머무는 병원들도 많이 있습니다."

"그래, 그럼 마켓 1.0에 머무는 병원은 앞으로 어떻게 될 것 같아? 어느 병원에서 일하고 싶어?"

보통은 알고 있지만 막상 하자고 하면 이것저것 부정적인 이유를 생각해 낸다.

마켓 2.0에서도 기업의 '고객우

선', '사회적 책임'이라는 개념의 활동을 해 왔지만, 이제 고객은 다분히 기업 홍보를 위한 가치를 내거는 '고객 만족'이나 '사회적 책임'을 뛰어넘는 기업을 원하고 고객들이 그것을 검증하기 위해 관계를 맺게 되었다. 키워드 광고나 바이럴마케팅이 시들어 가는 이유도 '막상 좋다고 해서 가보았더니 별로더라'라는 이야기를 개인 SNS에 올리기 때문이다. 이제 고객은 모르는 사람들 정보를 무조건적으로 믿지 않는다. 고객은 스스로 믿고 의지할 수 있는 브랜드를 찾아 나서기 시작했고 기꺼이 자신이 선택한 병원에 팬심을 표현한다.

브랜드와 연계된 병원시스템을 구축하고 그렇게 만들어진 시스템을 꾸준하게 지켜나가야 병원마케팅이 제대로 힘을 받을 수 있게 된다.

🔘 브랜드와 연계된 시스템을 우선으로

브랜드의 카테고리를 진료 부분을 중점으로 만들었는지, 친밀함을 중심으로 만들었는지에 따라서 어느 쪽에 더 중점을 두어 시스템을 구축하고 우선순위를 정해 마케팅 계획을 세워야 할지가 달라진다.

고객은 브랜드에 대한 기대를 하게 된다. 전문적일 것이라 믿고 병원을 찾아 온 고객은 특성상 전문성을 중요하게 생각하기 때문에 다른 분위기보다 병원의 이름이나 홈페이지 주변의 평판을 탐색하고 스스로 판단하기에 가장 전문적일 것으로 판단되는 병원을 찾게 되는데, 막상 찾아와 전문성에 대한 기대 이하의 판정을 내리게 되면 '소문난 집에 먹을 것 없다.'라고 소문을 낸다.

평소에 스캔들을 몰고 다니는 연예인의 악성루머는 당연하게 생각된다. "○○은 그럴 줄 알았어."라고 말아버리지만 '국민일꾼, 국민장사'로 이미지가 만들어진 연예인은 작은 사건에 연루되더라도 "얌전한 고양이 부뚜막에 먼저 오른다더니 세상에 믿을 사람 없구나."하고 속았다는 생각을 하게 된다.

반대로 브랜드가 신뢰의 영역으로 확장되어 단단해진 경우에는 팬이 당사자를 대신해 해명에 나서기도 한다. 하지만 브랜드가 확고하게 자리매김한 상태라고 해도 신뢰가 흔들릴만한 일이 일어나면 조직 안팎으로 큰 충격이 아닐 수 없다.

공든 탑도 무너진다.

아무리 잘 쌓은 탑도 작은 쥐구멍 하나로 무너질 수 있다. 그런 사례는 곳곳에서 찾아 볼 수 있다. 잠시 회자되다 잠잠해지는 요행을 바랄 수도 있었지만, 이제 전국민이 미디어로 활동을 하고 있기 때문에 그 조차도 어렵다. 또 잠시 잠잠해졌다고 해도 인터넷에 남은 흔적은 지우기 불가능해진다. 연예인들이 무명시절 했던 과거발언이 문제가 되어 잠정적으로 활동을 중단하는 것은 요즘 경영환경의 추세를 반영하는 것이라 생각한다.

시스템 구축은
브랜드 전략과 동시에 고려하라

📍 내부시스템 구축에는 인내심이 필요하다

발렛파킹 제도를 만들 수는 있지만, 주차요원의 친절은 보증할 수 없다. 의사결정만 빠르게 이루어진다면 최신 기계설비를 도입하는 것은 쉽지만 모든 구성원이 매뉴얼을 준수하게 만드는 데는 시간이 걸린다. 새 계절을 맞이해 직원들에게 새 유니폼을 지급하는 것을 쉽지만, 유니폼을 깨끗하게 유지하고 아끼는 마음을 갖게 하는 것은 어렵다.

조직에 새로운 활력을 주기 위해 가치관 워크숍을 진행할 수 있지만, 모든 직원이 가치관을 머리와 가슴과 몸에 새기고 일하게 될 것이라는 기대는 하지 않는 것이 건강에 좋다.

새로운 제도를 홍보하기 위해서 게시판에 공지하고, 인트라넷에 공지하고 개인메시지에 남겨두고 간단한 테스트를 보아도 이런 이야기하는 직원 꼭 있다.

"몰랐는데요." "못받았는데요." "깜빡했는데요."

이렇게 이야기하는 직원은 좀 순진한 편이라고 할 수 있다. 서너 달이 지나고서야 "그거 도대체 왜 해야 하는지 모르겠는데요."라고 이야기하는 직원은 참 똑똑하고 당돌하다.

마케팅 활동을 진행하다 보면 이런 생각을 하게 될 때도 있다. 민감하고 까다롭기만 한 고객의 기대나 욕구가 훨씬 순수하다는 생각 말이다. 고객의 욕구는 단순하다. 그의 마음을 알아주기만 하면 된다. 그리고 알아주기만 하면 진료비를 기꺼이 지불하는 순수한 구석이 있다. 하지만 직원은 좀 다르다. 모두 그렇다고 하기는 어렵지만, 월급을 주면서 함께 일을 하면서도 도통 그 속을 모르겠고 내 맘 같아지기를 기대하는 것은 애초에 포기하는 것이 직원들과 오래 갈 수 있는 비결인지도 모르겠다.

📍 요요현상을 즐겨라

시스템이 안착되지 못하는 이유는 여러 가지 요인이 복합적으로 작용하는 경우가 대부분이다. 규모가 비교적 작은 병원의 경우 중간 관리자의 퇴사만으로도 시스템이 크게 변하는 것을 체감할 수 있다. 상담 스타일과 직원관리 방법 등이 모두 중간 관리자에 의해 좌우되어 왔기 때문에 나타나는 현상이다. 후임자가 근무를 시작하게 되면 일정부분 또 새로운 것이 생겨나게 된다. 그때 새로 온 직원의 스타일이 반영되어 바뀌게 된다.

핵심 직원이 바뀌면 고객의 긴장도가 높아지고 클레임이 일시적으로 많아진다. 그러면 덩달아 경영자도 민감해진다. 이때를 지혜롭게 넘겨야 새로운 직원의 아이디어와 함께 잘 연결해 일관된 시스템을 유지해 나갈 수 있다. 규모가 작은 병원의 경우 사람 자체가 브랜드가 되는 경우가 많다. 가장 큰 몫은 원장에게 있지만, 직원들의 역량이 점점 더 중요해지고 있다.

병원이 커질수록 브랜드가 병원을 알리고 고객들에게 인식되는 데 큰 몫을 하게 된다. 병원의 규모가 커지면 한 병원을 떠올릴 때 사람보다는 제품이나 서비스에 대한 이미지로 기억해내는 확률이 높아진다. 예를 들어 세탁기는 삼성, TV는 엘지, 김치냉장고는 만도. 이렇게 연상

되는 것과 비슷하다. 이때 병원정책이 브랜드와 일관성을 유지하지 못한다면 또 한번 직원이 반란을 일으킨다.

미국의 메이요클리닉에서는 '환자의 필요를 최우선으로'라는 슬로건으로 브랜드를 포지셔닝해 왔다. 여기서는 응급환자가 생겼을 때 간호사도 의사를 호출할 수 있는 권한이 있다고 한다.

리츠칼튼호텔은 종업원들이 고객에게 "Certainly, Sir."를 할 수 있도록 종업원이 고객을 위해 사용할 수 있는 비용이 2,000달러로 책정되어 있다. 호텔에 물건을 두고 떠난 고객이 공항에 도착해 그것을 알고 호텔로 전화를 했을 때, 이 전화를 받은 직원이 택시를 타고 갔다 올 수 있거나 퀵서비스를 이용해 고객을 위해 일할 수 있도록 배려한 것이다.

무조건 우리는 고객을 위하는 사람이라고 말로만 했다면 이런 진정한 서비스가 나올 수 있었을까?

실제 직원들과 이야기를 나눠보면, 밖에서는 진료체계가 잘 되어 있어 기대하고 입사했는데 막상 하루하루 한명 한명 진료보기 바빠서 잘하고 있는지 돌아볼 사이가 없다는 말을 한다. 또는 고객을 위하라고 하면서 결국 진료 많이 보고 진료수입 올리는 것이 목적인 것 같아 가끔 일하는 것이 무의미하게 느껴 질 때가 있다고 한다.

브랜드 철학과 시스템 사이의 차이가 클수록 직원들의 합의를 이끌어 내기가 어렵다.

실제로 시스템을 안착시키기 위해서는 더 많은 미세한 조건들이 작용한다. 이때 가장 필요한 것은 강한 의지이다. 마음 속에 그렸던 이상적인 병원, 안정적인 운영과 일과 생활에 대한 균형은 생각만으로 이루어지는 것이 아니다. 병원을 다니며 사람들을 만나보면 경영자도 과학자처럼 다양한 시도와 실패, 되돌아감과 일보전진을 반복하면서 점진적으로 마음 속에 그렸던 병원의 모습을 갖춰가게 되는 듯하다. 그렇게 해서 모습이 갖추어지면 그 성공신화가 또 좋은 이야기거리가 되어 병원을 더 널리 알리는 계기가 되기도 한다.

시스템을 선택하고,
선택을 완성하라

③ 혈액 : 병원의 문화

혈액은 온몸을 구석구석 다니면서 양분을 공급하고, 생명활동으로 생겨난 몸 속 노폐물을 회수해 오는 역할을 한다. 그 혈액을 우리 몸 구석구석까지 이동시켜 생명유지를 할 수 있도록 하는 통로가 혈관이다.

사람은 누구나 혈액형이 있다. 또 그 혈액형에 따라 성향을 분류하기도 한다. 정확하지는 않지만 자꾸 믿게 되는 혈액형에 따른 특성은 대략적으로 이렇다.

'A형은 소심해.'

'B형 남자는 제멋대로에 바람둥이야.'

'O형은 리더십이 있고 옳고 그름이 확실해.'

'쟤는 이랬다 저랬다 하는 모습이 AB형임이 틀림없어.'라는 이야기들을 곧잘 한다. 과학적이지 않다고는 하지만 어떤 일이 생기게 되면 혈액형에 의지해 사건을 해석하게 되는 중독성 있는 시스템이다. 한 사람은 하나의 혈액형을 가지게 된다. 만약 ABO식의 혈액형 구분법에서 혈액을 잘못 수혈하면 목숨까지 위태로워진다. 출혈이 심할 때는 수혈이 필요하게 될 때도 있다. 조직도 혈액과 같은 색을 가지고 있다.

'쟤는 ○○기업 같아.'

'남색 양복은 ○○기업이지.'

'○○대학은 화끈한데, ○○은 아는 건 많은데, 적극적이지 않아.'라는 이야기는 물론 일반화하기는 어렵지만 보편적인 견해로 자리를 잡고 있는 것 같다.

문화란?

자연 상태에서 벗어나 일정한 목적 또는 생활 이상을 실현하고자 사회 구성원에 의하여 습득, 공유, 전달되는 행동 양식이나 생활 양식의 과정 및 그 과정에서 이룩하여 낸 물질적 정신적 소득을 통틀어 이르는 말. 의식주를 비롯하여 언어, 풍습, 종교, 학문, 예술 제도 따위를 모두 포함한다. 〈출처: 네이버사전〉

브랜드 이미지를 결정하고 시스템 구축 작업을 꾸준히 달성하게 되면 문화라는 선물을 받게 된다. 조직 구성원이 공동 목표를 달성하기 위해 경험을 통해 습득한 지혜와 공유된 지식과 정보가 비슷해지게 되고 그 내용은 새로 입사하는 직원들에게 전달이 된다.

문화는 조직 구석구석을 적시고 있는 정신과 향기와 색과 같은 것이다. 좋은 문화가 정착된 조직은 그 자체로 건강한 조직이 되며, 위기의 상황도 건강하게 해석할 줄 알게 되고 위기에 더 단단한 결속력을 지닌다. 그래서 우리는 입사지원서를 받으면 그 사람의 학교와 전 직장의 문화를 떠올려 보며 지원자가 우리 조직에도 잘 맞을지 판단하는 기준으로 삼기도 한다. 때로는 전 직장의 평판만으로 채용을 하기도 한다. '그 병원을 내가 좀 아는데 거기에서 일했다면 일 하나는 똑 부러지게 잘하겠군.' 그 병원의 분위기, 또는 문화만으로 그 사람을 평가할 수 있는 기준이 되기도 한다.

고객도 마찬가지이다. 그 병원에서 하는 일이라면 믿을만하니 같이 하자. '그 병원은 상생하는 문화가 있는 것 같아. 일전에 걷기대회에도 직원들이 함께 와서 걷기도 하고 불편한 사람들을 돕고 하더라.'고 말하며 실제 그 병원의 고객이 아니더라도 병원을 칭찬하는 현상이 생겨난다.

우리 몸의 건강상태를 알아보기 위해 기본으로 혈액검사를 하는 것처럼 혈액과 혈관의 건강은 우리 몸의 건강을 예측할 수 있다. 맑은 혈액이 탄력 있고 깨끗한 혈관벽을 타고 몸 구석구석을 타고 가 우리 몸에 건강함을 전하듯이 병원의 맑고 깨끗한 문화는 어떻게 만들어지는 것일까?

즐거워야 끝까지 간다

한때 펀경영(fun management)이 기업교육이나 병원교육에 유행처럼 퍼진 적이 있었다. '행복해서 웃는 것이 아니라 웃으니까 행복한 것이다' 라며 웃음을 강요 당한 적도 있었다. 즐거워야 끝까지 할 수 있다는 말에는 동감하지만, 웃어야 즐거워진다는 말에는 전적으로 동감하지는 않는다. 실제로 기업에서 하는 펀경영을 벤치마킹해 실행해 보았지만, 그 효과는 오래가는 것 같지가 않았다. 직원들이 저마다 원하는 것이 다르기도 했지만, 자발적이지 않은 참여는 결국 예산만 낭비되었지 성과로 이어지지는 않았다.

'이태원 계단장'을 성공시킨 '청년장사꾼'의 오단 대표의 이야기를 들을 기회가 있었다. '청년장사꾼'의 규칙 중 하나가 '힘들면 하지 말자.'라고 한다. 누군가 한 명의 노력이 지나치게 들어가 낙오자가 생기거나 한꺼번에 일이 밀려 지치게 되면 다음을 기약할 수 없기 때문에 매월 발행하던 소식지가 격월지, 격격월지로 바뀌어 발행될 때가 있다고 한다.

춘천 예치과 김동석 원장과의 인터뷰에서도 비슷한 이야기를 들을 수 있었다.

"진료와 직접적으로 연관되지 않은 투자에 대한 부담감이나 아쉬움 같은 것은 없으신가요?"

"가끔 주변으로부터 그런 조언을 받기도 합니다. 투자에 대한 산출 뭐 ROI 같은 것을 산출해 보라고 하는데 그렇게 투자된 것에서 우리 직원들과 고객들이 얻은 기쁨과 즐거움을 환산할 수는 없을 것 같습니다."

"즐거워야 오래 갈 수 있다는 말씀이신가요?"

"그렇죠. 고객이 즐거워야 병원이 잘되는데 고객을 즐겁게 하려면 저희가 즐거워야 하잖아요. 집에 아픈 아이가 있는데 엄마가 직장에서 즐겁게 일하기 어렵죠. 또 카페가 있는데 커피를 제한해서 먹어야 한다면 오히려 불편할 것 같아요."

억대 연봉 디자이너가 200명이 넘는 국내 최대의 헤어브랜드 준오헤어를 이끌고 있는 강윤선 대표는 '독서경영'을 말한다. 배움을 멈추면 성장을 멈춘다. 강 대표는 미용업을 기술직으로 아는 것이 싫었다고 한다. 직원 중에는 스스로를 기술자로 생각하는 사람도 있지만, 경영을 배워서 스스로 성장하려는 직원들을 위해 독서경영을 포기할 수 없었다고 한다. 팀워크가 잘 이루어지고 있다는 것을 어떻게 알 수 있는지 질문을 했다.

"서로 신뢰를 하고 있다는 강한 믿음이 생겼을 때입니다."

"커뮤니케이션이 원활하게 이루어지고 있을 때가 아닐까요?"

"각자의 일에서 책임을 다하는 것이 팀워크가 아닐까요?"

다양한 대답들이 나왔고, 모두 맞는 말이다. 모두 표현 방식은 다르지만 서로 우호적인 분위기에서 책임을 다하고 서로를 믿을 수 있는 직장의 분위기를 말하는 것 같다.

문화는 신뢰만큼이나 오랜 시간 반복적이고 고단한 시간을 거쳐야 피어나는 '조직의 꽃'이다. 고객으로서 내가 느끼는 문화는 분위기이다.

어떤 병원은 들어서자마자 답답하고 불편한 기운을 느낄 때가 있다. 또 어떤 병원은 전화 통화만 해보아도 원장이 직원을 어떻게 대하는지 느껴지는 병원이 있다. 간단한 질문인데도 눈치를 보면 대답을 미루거나 회피하는 병원이 있다. 반면 친절하게 자기 일처럼 정성스럽게 답변을 하고 있다고 느껴질 때가 있다. 답변이 어려울 때는 다음 전달체계가 명확해 정중하게 기다려줄 것을 요청하고 답변을 해줄 수 있거나, 문제를 해결해 줄 담당자로 바꾸어 준다. 그런 느낌을 받고 해당 병원을 방문하면서 내 직감이 틀리기를 바라지만 맞아 떨어지는 경우가 많다. 전화로도 느껴질 만큼 일사분란하게 잘 짜여진 시스템 안에서 직원들이 자기주도적이고 상호협력적으로 일하고 있을 때 자연스럽게 우러나오는 행동패턴이다.

시스템이 잘 정비된 병원에서는 정형화된 친절한 서비스를 받게 되지만, 스스로 처리하지 못한 업무가 담당자에게 어떻게 전달될지에 대한 고려는 하지 않는다. 속된 말로 '나만 아니면 된다.'는 문화가 자리를 잡게 된다. 이런 문화는 표면적으로는 잘 운영되고 있는 것처럼 보일 수 있지만 업무가 연계되지 않기 때문에 보이지 않는 손실이 크다. 그 상태로 시간이 흐르면 연차별 카르텔이 형성되어 강력한 문화를 이루는 데 견고해 보이지만 경쟁환경에 능동적으로 대처할 수 있는 방향으로 전환하기 어려워진다.

'삼성의 문화를 벤치마킹해야 한다.'거나 '구글이 독특한 기업문화로 성공하였으니 배우자.'라고 하는 것은 마케팅 활동에 일시적으로 도움은 될 수 있지만 몸에 맞지 않는 옷을 입는 것과 같다. 이런 방법은 혈관을 건강하게 유지하기 위해서 식생활 개선과 운동을 꾸준하게 실천하는 것이 좋은 줄 알면서 건강보조식품으로 대신하려는 쉬운 선택과도 같다.

조직의 문화를 만들어 가는 일은 길고 어려운 일이다. 그만큼 힘들기 때문에 문화가 있는 조직은 어디서나 부러움의 대상이 된다.

좋은 문화는
좋은 이야기가 된다.

④ 혈구 : 문화 향유자, 문화 매개자, 문화 파괴자

적혈구는 우리 몸에 산소를 전달하는 역할을 한다. 백혈구는 우리 몸의 감염성 질환 및 외부물질에 대한 방어기능을 한다.

병원 안에서 생활을 하며 문화를 만들고 누리고 파괴하기도 하는 것은 직원이다. 이들은 우리 몸의 혈액처럼 시스템과 문화를 이용해 다양한 활동을 해서 마케팅에 사용할 이야기, 즉 콘텐츠를 생산하기도 한다.

평소에는 애사심이 없는 것 같다가도 병원 밖에서 누군가 병원에 대한 안 좋은 이야기를 하면 병원과 원장님을 대변해 열변을 토하기도 한다.

후배가 입사했을 때 병원의 문화에 대해 꼼꼼하게 알려주고 시시각각 단속해 줄 사람도 직원들이다. 불만고객이 생기지 않도록 전문성과 친절로 무장하고 날마다 고객을 응대하는 슈퍼파워을 가진 사람이 우리 직원이다. 여기까지 이야기했을 때 단 한 사람이라도 머리 속에 그려지는 직원이있다면 병원의 앞날을 낙관해도 좋다.

반면 백혈구인 양 가장하고 다니는 제 역할을 하지 못하는 직원도 있다. 조직에 조용히 숨어서 조직 문화를 병들게 하는 독소를 내뿜는 사람이 있다. 신입직원에게 궂은 일은 다 시키면서, 쉬지 않고 병원의 부조리한 면에 대해 신입직원에게 이야기를 해 이제 막 입사한 직원에게 혼란을 야기시킨다. 매사가 불평불만으로 가득하다. 원내에서 준비한 교육내용 피드백에 '매년 반복되는 교육을 아침부터 와서 들어야 하는 이유를 모르겠다.'는 평을 쓴다. 병원의 단합과 가치를 공유하기 위해 준비한 워크숍에 와서는 "근무시간 외 워크숍에는 수당을 주는 것이 기본 아니야?"라고 하기도 하고 지급된 유니폼 색에도 불만, 매사가 다 불만이다. 마케팅 담당직원도 불평불만이다. 진료팀이 협조를 안 해줘서 사진을 못 찍었다, 원장님이 확인을 늦게 해줘서 아직 출력을 하지 못했다. 마케팅을 사실이 아니라 창작해서 하는 것은 한계가 있다 등등 불평불만은 끊이지 않는다.

이번 이야기에 더 공감이 갔더라도 걱정할 것은 없다. 직원 중에는 불평을 직장생활의 원동력으로 삼는 사람이 있게 마련이다. 그럼에도 불구하고 병원이 성장할 수 있는 건 조직이 위험에 처했을 때 개인의 이익보다 조직을 위해 기꺼이 헌신할 수 있는 직원이 있기 때문이다. 모든 직원이 어려운 시기에 건강한 백혈구의 역할을 해줄 것이라는 기대는 하지 않는 것이 정신 건강을 위해 좋다. 건강한 백혈구의 활동이 더 중요하다. 좋은 직원이 좋은 이야기를 만들어 내기 때문이다. 이야기는 곧 콘텐츠가 되고, 콘텐츠는 우리 병원만의 문화가 되어 차별화 된 마케팅 활동을 가능하게 해 준다.

건강한 직원이
건강한 이야기를 만든다.

⊕ 도와줘요 최부장

칭찬 받아 마땅한 직원이 전국에 많이 있겠지만, 병원의 건전한 학습 문화를 만들어간 한 분을 소개하려고 한다. 최명희 부장은 서울 난곡에 있는 치과 총괄을 맡고 있다. 그녀는 『병원상담의 모든 것』을 읽고 내 연락처를 수소문해 먼저 연락을 해 주었다.

나는 같은 일을 하는 사람으로서 처음 만남부터 최부장을 통해 두 번 놀라움을 경험했다. 나는 저자로서 독자들의 많은 피드백을 기대한다. 그게 긍정적이든 부정적이든 상관없이 말이다. 긍정적인 피드백은 나를 기쁘게 하고 부정적인 피드백은 나를 성장시킬 것이기 때문이다. 하지만 대부분의 책에 대한 피드백은 전달되지 않는다. 심지어는 내 지인도 책을 읽고는 벙어리가 된다. 연락이 와 만나고 싶다고 했을 때 나는 선뜻 좋다고 했다.

본인의 병원에 대해 조언을 받고 싶다고 했다. 두 번째 놀란 이유이다. 책을 기획하면서 그동안 마케팅 활동에 대해 긍정적인 호기심을 가지고 있던 병원과 마케팅 관련회사에 인터뷰 요청을 보냈지만, 대부분 무응답을 받거나 거절의사를 받았다. 병원마다 특성이 있고 또는 저자에 대한 신뢰가 부족했을 수 있겠지만, 과거 경험을 짚어보면 누군가에게 병원 내부를 공개한다는 것은 무척 신경 쓰이는 일이라는 생각이 든다. 그런데 최부장은 내게 대놓고 병원을 지적해 달라고 해서 놀랄 수밖에 없었다.

비 오는 날 방문한 병원은 곳곳에서 직원들의 손길이 자주 닿아 있는 것을 느낄 수 있었다. 이야기를 나누면서 깊은 인상을 받았다. 난곡은 서울에서 중심부와 위치상으로는 가깝지만 주 고객층이 병원에 대한 정보가 적고 가격민감도가 심한 곳이다. 강남에 있는 병원에서 일하다 온 최부장이 입사초기 문화적 충격을 받았을 것 같아 질문을 했다.

"어떠세요? 예전이랑 현재는 많이 차이가 있으셨을 텐데요?"

"이곳이 훨씬 힘들죠."라고 대답하는 얼굴 빛에 지난 시간이 그대로 나타났다.

"그래도 지금은 출근해서 환자들에게 욕먹을 걱정은 없어서 다행이에요."라고 말하며 표정은 금새 밝아졌다.

얼마든지 달아날 수 있고, 피하고 싶었을 텐데 어떤 힘이 그녀를 버티고 이기게 만들었는지 궁금했다. 그녀가 2013년 슈퍼스텝 대회에서 1위를 한 것이 당연하게 느껴질 만큼 그녀의 열정과 정성을 느껴버린 나는 본분을 잊고 떠오르는 모든 경험과 생각과 감정을 털어놓고야 말았다. 그녀의 진심을 느꼈기 때문에 나도 진심으로 대할 수밖에 없었다.

집으로 돌아온 나는 좋은 사람과 인연이 될 수 있었던 책에 대한 감사와 만남에 대한 기쁨을 담아 그녀에게 이 메일을 보냈다. 이제는 고객에게 혼나지 않기 위해서가 아니라 고객의 시선으로 한번 병원을 둘러보라는 요지의 메일을 보내면서 내심 서운해하거나 노여워하지는 않을까 걱정을 했는데 이틀 후 메일을 받았다. 내 메일을 받고 집 근처에 있는 피부과를 들려서 고객의 눈으로 보니 앞으로 무엇을 해야 할지 보이더라는 메시지가 담겨 있었다. 또 한번 그녀에게 반하지 않을 수 없었다. 더 좋은 병원을 위해서 내 이야기를 귀담아듣고 바로 실행하는 모습을 보며, 그녀와 병원이 잘되지 않을 수 없다고 생각했다.

병원을 위해 몸과 머리와 마음을 다하는 직원과 병원을 위해서 할 일을 알아서 찾는 고객을 만났을 때 환상의 호흡이 탄생하게 된다.

⊕ 마케팅 습관

사실적인 마케팅 소재를 응용해 알리려고 하면 진료팀의 협조를 구하기 어려운 때가 있다. 먼저 본인의 업무만으로도 바쁜데 무엇을 더한다는 것이 부담스럽고 귀찮아서 진료팀에서 발생하는 에피소드를 모으기 어려운 경우이다. 또한 자신의 일상이 마케팅의 소재가 될 것이라는 연상을 하지 못하는 것이다. 매일 똑같이 진료하고 치우고 회의하고 힘들면 회식하는 일이 무슨 화제가 되겠냐 하는 생각이다. 왜 본인이 진료 외의 업무에 협력해야 하는지 반문하는 직원도 있다.

회식이나 회의하는 사진, 스터디할 때 사진 좀 부탁한다고 아무리 이야기를 해도 좀처럼 병원 안에서 일어나는 사진을 구하기 어렵다. 가장 먼저 한 일은 진료팀과 친해지는 일이다. 그런 일이 있을 때 마케팅팀이 참석할 수 있게 해 달라고 했다. 교육기획팀과 협력해 스터디 일정을 확인하고 그곳으로 찾아가 소재를 모았다.

마케팅적 사고를 할 수 있도록 교육할 수 있다. 고객이 병원을 찾아주어야 직원들과 함께할 수 있고, 고객을 유혹하기 위한 방법 중 가장 확실하고 근본적인 것이 진료팀이다. 진료팀과 마케팅팀의 활동은 밀접하게 관계되어 있음을 직원들에게 알려줘야 한다. 마지막으로 칭찬카드나 리얼후기에 도움을 준 고객에게 감사를 표현하는 것처럼 병원 내 소식이나 사진을 도와주는 직원에게는 작은 사례를 했다.

마케팅도 병원에서 놀이처럼 즐기면서 할 수 있다. 직원이 마케팅 습관을 생활화할 수 있도록 돕는 것도 마케팅 담당자의 역할이다.

사랑합니다 고객님

지역사회에 보건사업을 나가보면 다양한 사람들을 만나게 된다.

> 우리 병원에 왔던 사람
> 처음 들었다고 하는 사람
> 아프기 전에 병원에 가야 한다는 사람
> 병원 놈들은 다 도둑놈이라고 하는 사람
> 우리 병원을 아주 잘 알고 원장님 안부를 묻는 사람
> 너무 기분 나빠서 다시는 가고 싶지 않다고 하는 사람

주로 연세 지긋한 어르신들과 진행을 하게 되는데 앞장서서 사람들을 모아주고 조용히 하라고 단속해 주시고, 요구르트라도 챙겨주는 분이 있다. 병원이 운영되려면 모든 고객이 소중하지만, 병원 직원 이상으로 병원을 위해 무엇을 할까를 생각하는 고객이 있다.

메이요클리닉에 대해서 알게 되면서 가장 신기하고 부러웠던 것은 2013년 기준 메이요클리닉의 진료수익이 6억1천200만 달러인데 기부금 수입이 3억9천900만 달러라는 것이었다. 환자를 위하는 일이라면 무엇이든 해 볼 수 있는 병원 환경도 좋았지만, 그 결과로 환자에게 기부금을 받다니 놀랍지 않을 수 없다.

'아 고객이 감동을 받으면 기부도 하는구나. 이 정도가 되면 병원이 고객을 믿고 무슨 일이든 할 수 있게 되겠구나.'하는 상상을 해 보았다. 물론 아직까지 우리나라는 기부문화도 보편화되어 있지 않고 개원가의 사정은 더 어려워지고 있다. 하지만 고객이 병원을 위해서 하는 행동은

작은 것에서부터 찾을 수 있다.

병원을 믿고 우리 병원의 문화를 이해하게 된 고객은 먼저 우리 병원을 그냥 치과나 그냥 피부과로 기억하지 않고, ○○병원으로 기억해 준다. 이야기는 여기부터 시작된다. 민간 홍보사절이 되어 ○○병원을 홍보하게 되고, 가까운 사람이 병원을 이용하게 되면 코디네이터가 되어 예약을 확인해 준다. 사석에서 병원에 대한 안 좋은 이야기가 나오기 시작하면 우리 병원의 대변인이 되어서 함께 싸워준다.

고객은 병원에 산소를 공급하고 문화를 전파한다.

새로 입사한 직원보다 병원의 사정에 대해서 더 많이 알고 있는 고객을 만나게 되는 날도 있다.

千客萬來
천 명의 손님이
만 번 오면 실패하지 않는다.

마케팅의 목적은 고객을 창출하는 것이라고 하지만 한 번 유입된 고객을 지키는 것이 더 중요해지고 있다. 신규고객 창출은 기존 고객 유지의 8배의 비용이 드는 것은 물론이고, 그들이 조직문화에 익숙해지게 만들기 위해서는 더 많은 투자가 필요하기 때문이다.

병원에서도 한동안 CRM(고객관계마케팅)을 위해 CRM 센터를 운영했었다. 하지만 고객관계마케팅이 제대로 정착되지 못한 이유가 몇 가지 있다. CRM 센터의 역할이 콜센터 이상의 업무로 확장하지 못한 점과 CRM 센터를 데이터화해 마케팅 활동으로 연계하지 못해서이다.

내가 만난 고객 중에는 병적으로 병원을 쇼핑하는 고객보다는 믿을 만한 병원을 찾아서 또 검색하는 불편, 찾아가 본인의 히스토리를 다시 설명해야 하는 번거로움을 피하고 친근한 사람에게 알아서 맡기고 싶어하는 병원 고객들이 더 많다.

고객이 남아 있고 싶게 만들면 사게 할 수 있다. 고객에게 팔려고 애를 쓰기 시작하면 선택권은 고객에게로 간다. 협상력이 떨어지기 때문에 정말 안 되는 걸 안 된다고 말하지 못하게 되면서 병원종사자는 속병이 생긴다.

고객에 대한 기대치를 높여라.

고객을 만들어서 병원으로 유입하는 것까지가 병원 마케팅 담당자들의 역할이라고 생각을 한다. 실제로 회의를 진행해 보면 인터넷을 매개로 내원하게 된 고객의 수치는 변함이 없는데, 진료수입이 저조한 것은 진료팀의 잘못이라고 떠넘기는 경우를 보게 된다.

진료수입이 줄어드는 것에 대한 대안을 함께 모색하기에 앞서 책임공방이 먼저 시작되면 회의는 진행되지 못하고 참석자들의 에너지만 고갈된다. 고객이 만 번 올 수 있게 하려면 어떻게 해야 할까? 마케팅 목표를 확대해서 마케팅 계획을 세우자.

고객과 최접점에서 만나야 하는 업체에서 도입하고 있는 요소가 디자인 경영이다. 원내로 유입된 고객의 시선으로 시설과 장비 등 모든 요소를 재해석하는 것이다. 다른 병원과 특별하게 달라진 것은 없는데 편안함을 느끼고 안정감이 드니 더 머물고 싶어지는 것이 디자인적 사고이다.

이제 어느 한 부서만 잘해서 병원이 잘되던 시대는 지났다. 최근 흥행하는 한국영화를 살펴보자. 과거에는 인기가 높은 배우를 내세워 마케팅 활동을 하면 어느 정도 흥행을 하는 것으로 여겨졌는데, 이제는 좋아하는 배우가 나왔더라도 재미가 없고 완성도가 낮으면 바로 SNS로 비추천 메시지를 올려버린다. 반면 독립영화도 완성도가 높으면 입소문을 타고 장기 흥행모드로 돌입하는 경우도 볼 수 있다.

⊕ 고객이 병원 문화를 누리고 병원 곳곳을 좋아하게 만들어라

적혈구는 우리 몸 구석구석을 다니며, 산소를 공급하고 노폐물은 회수해 피를 맑게 하는 역할을 한다. 고객이 병원을 구석구석 다니며 마음을 쓸 수 있을 때까지 마케팅 활동에 힘을 기울여야 한다. 그러려면 마케팅을 담당하는 직원들의 역할이 확장되어야 한다.

⑤ 뇌 : 리더의 선택

공모전의 여왕 박신영의 책 『기획의 정석』에 보면 이런 구절이 나온다.
"그러나 기획은 정답의 영역이 아닌 취향의 영역이라는 것을 인지하는 순간, 조금은 자유로워지기도 했던 것 같다. 그리고 내가 아닌 그분이 중요하다는 사실을 진심으로 체득했다."
병원에서 교육과 인사, 마케팅 등 다양한 기획업무를 하면서 읽게 된 책인데 위로 받은 문장이다.

병원마케팅 관계자와의 대화를 하다 보면 이런 이야기가 오간다.

"홈페이지 메인화면 디자인을 4번째 다시 했는데, 결국 먼저 것과 크게 다르지 않은 디자인이 최종적으로 결정이 되었어요. 그러려면 홈페이지를 왜 바꾸는 거예요?"
"지역신문에 지면광고 나갔는데, 나간 첫날 원장님께 불려 갔잖아요. 신문에 당신 얼굴 나오는 것이 부담스럽다고 당장 바꾸라고 하셨어요."

기업의 마케팅 기획을 하는 담당자의 하소연도 이와 다르지 않다.

"기업이 기존의 틀에서 벗어나려면, CEO가 바뀌지 않고서야 어려운 것 같아요. 간혹 준비하던 기획이 CEO가 바뀌면서 광고 기획도 다 바꿔야 한 경우도 있었죠."
"겨울에는 대기실에 차 종류를 다양하게 하는 것이 어떻겠냐고 건의한 지 2주가 넘었는데 아무 말씀이 없으셔서 개인적으로 마트에 갔다가 메밀차를 사서 대기실에 두었는데 오신 분들이 좋아해 주셔서 기분이 좋았어요."

"간단한 결정들은 직접 진행하고 보고하기도 합니다. 처음에는 오해도 많았는데 10년 정도되니 서로를 믿게 되었죠."

"처음 리플렛을 만들었을 때는 시큰둥하시더니 좋아하시는 것 같아서 좋았어요. 좀 더 기쁜 내색을 해주시면 좋겠지만 성격이신걸 뭐 어떻게 하겠어요."

마케팅은 스킬이 아니라 리더십이다

병원은 모든 요소가 마케팅적으로 디자인되어 있다. 먼저 설명한 것처럼 병원의 위치와 이름을 정하고, 인테리어 견적을 비교하고 업체를 선정해 인테리어를 진행하고, 기계장비를 구매하는 일에서 휴지통을 사고 방향제를 두는 일까지 하나하나 직접 챙겨야 한다. 개원 후 광고계획을 세울 때도 예산을 책정하는 것에서 매체를 선정하는 일, 헤드라인 카피까지 검토가 필요한 순간이 있다.

병원의 브랜드, 병원의 시스템, 병원 문화도 리더의 취향과 리더십 스타일이 그대로 반영되어 있다고 해도 과언이 아니다.

"병원의 지속성장을 위해 필요한 건 무엇입니까?"

이때 나오는 대답은 개인마다, 병원이 처해 있는 환경마다, 직급과 업무에 따라 다양한 대답이 나올 수 있다.

회의에서 다양한 의견이 자유롭게 나

오는 것이 자연스러운 문화가 있고, 차분하게 정돈된 분위기에서 차례대로 돌아가면서 한가지씩 이야기하는 회의 문화가 있을 수 있다. 또 회의에서 나온 내용 중 어떤 안건을 의사결정에 반영할지를 결정하는 것도 리더의 판단력에 달려있다.

순간의 선택이 평생을 좌우한다 VS 1%의 정성

초경쟁사회에서 리더의 선택은 사람들 관심의 대상이 된다. 변화의 속도가 빠르기 때문에 선택의 결과도 빠르게 알 수 있다. 어떤 전략으로 마케팅을 전개할지는 개인과 조직의 몫에 달려 있다.

Think Big,
Start Small, Move Fast

업무적인 기획을 할 때나 개인적인 계획을 세울 때 사용하는 필터이다. '이 일은 가려는 방향과 일치하지만 위험부담을 줄이기 위해 작고 빠르게 시작해보려면 어떤 방법이 있을까?'를 순차적으로 적용해 문제를 해결해 간다. 메이요클리닉 혁신센터의 자료를 조사하면서 찾게 되었는데 개인적으로도 확실한 결정이 어렵거나 계획을 세분화할 때 사용한 효과적인 방법이다.

특히 마케팅 활동 등 다양한 업무의 기획단계에서 유용하다. 가장 먼저 지금 하려는 일이 조직의 가치관과 일치하는지를 살펴본다. 진료비를 지키기 위한 마케팅 기획에서 할인이벤트는 제외 대상이 되는 것과 같다.

계획한 업무의 효과성을 검증하고 예산낭비를 줄이기 위해서는 작게 시작해 본다. 프로토타입[2]으로 제작해 보거나 장기적인 노력이 필요한 경우는 일정 기간 시험기간으로 정해두는 것이다. 비슷한 경험이 있는 사람을 만나보거나, 새로운 마케팅 매체를 선정할 때 관련 매체에 대한 교육을 들어보거나 책으로 사전경험을 해보는 것도 좋은 방법이다.

속도가 힘을 제압한다.

그렇게 확신을 갖게 된 계획은 빠르게 시행해서 경과를 지켜보고 계속 진행을 할 것인지에 대한 결정을 하게 된다. 음식에도 가장 맛있는 온도와 유통기한이 있듯이, 마케팅 활동도 타이밍이 중요하다. 결정을 미루다 보면 광고의 효과가 반감되거나 시기상 아예 사용할 수 없는 카피가 되거나 운명하는 기획이 생겨난다.

마케팅 효과를 극대화할 수 있는 타이밍을 정하고 실행하는 데 리더의 정확하고 신속한 판단이 요구된다. 안될 것 같은 아이디어에는 빠르게 'NO'만 해주어도 2배의 업무효과를 얻을 수 있다. 판단을 미루는 것보다 더 높은 차원의 어려움은 일관성이 없는 리더의 선택에 부응하는 것이다. 일은 많이 하는데 결과가 빈약해진다.

---

2 본격적인 개발에 앞서 재미요소나 구현 가능성 등을 검증하기 위해 제작하는 시제품

⑥ 표현수단 : 마케팅활동

병원의 브랜드가 정해지고 그에 맞는 시스템을 만들어가면서 직원, 고객들과 완성시켜가는 병원문화를 다양한 방법으로 외부고객에게 표현하는 것이 광고이다. 우리가 손동작이나 눈빛, 말 또는 표정으로 나의 생각과 감정을 표현하는 것과 같다고 할 수 있다.

이 과정을 거꾸로 하는 경우도 있는데 매체를 통해 광고를 하고 내부 시스템을 정비하는 것이다. 단기적으로 목표를 달성할 때 사용하면 좋은 방법이다. 다만 공산품의 경우, 수요를 예측해서 재고를 활용해 수요를 충당하지만 의료서비스는 상품이 아니기 때문에 재고를 확보해 둘 수 없다. 그래서 새로운 광고 계획이나 이벤트 계획이 있을 때는 진료팀의 의료서비스 제공 능력을 감안하고 때로는 수요가 늘어 날 것에 대한 예측을 진료팀과 긴밀한 협조를 통해 준비한 후에 매체를 활용한 광고를 하는 것이 바람직하다.

텃밭을 가꾸고 손님을 초대할 것

병원에 미팅을 가기 전에 해당 병원의 홈페이지나 블로그를 방문해서 사전에 가려는 병원의 정보를 미리 알아보게 된다. 홈페이지만으로 병원의 규모나 전문성을 예측하기 어려운 경우가 있다.

"저도 처음 방문하는 터라 홈페이지를 방문해 보고 왔는데, 홈페이지로는 병원의 규모를 짐작할 수 없었습니다. 실제로 보니 단일 병원으로는 규모가 상당하신데요."

"최근에 홈페이지를 리뉴얼하고 있는 중이라 그런 것도 있지만, 평소에도 홈페이지에 많은 정보를 노출하지는 않습니다. 홈페이지의 특성상 멀리서 저희 병원을 찾아오시려는 분들에게 병원 위치와 진료시간, 연락처 등을 알기 쉽고 정확하게 알려드리는 것이 홈페이지의 가장 중요한 역할이라고 생각을 해서요."

고객의 내원경로를 조사하다 보면 다중경로를 통해서 병원에 방문하게 되는 경우가 많다. 버스에서 광고를 보았을 때 주변사람들에게 탐문을 하고 인터넷을 통해 전화번호를 알아 예약전화를 한다. 내원경로를 질문할 때 담당직원이 어떻게 물었는지에 따라서 결과가 달라지는 경우도 있다.

내원경로별로 치료의 종류와 치료 동의에도 차이를 보인다. 이는 병원의 진료과목과 규모, 기타 여건에 따라 다소 차이가 있을 수 있으므로 대략적으로 소개하면 이렇다. 소개고객의 동의율이 높다. 그래서 병원마다 소개고객을 늘리기 위한 마케팅 수단을 동원하기도 하는데, 여기서 특이할 점은 지인소개와 가족과 친인척 소개가 다르다는 것이다.

가족의 경우 허물이 없기 때문에 가벼운 질환을 치료하는 경우가 있다. 반면 지인소개인 경우 소개를 해 줬다가 오히려 관계가 서먹해 질 수 있기 때문에 좀 더 확실한 치료를 소개하고, 소개 받은 쪽도 상대와의 관계에 따라서 동의율이 달라지는 것을 관찰할 수 있다.

내원경로는 홈페이지, 블로그, 카페 등을 통칭해서 질문하는데 요즘은 문자상담이나 카톡상담을 많이 하기 때문에 고객이 내원경로를 어떻게 기입해야 하는지 혼돈스러워하는 경우가 있다. 이렇게 알아보고 오는 고객의 욕구는 다양하다. 집 근처 병원에서는 치료를 못할 것 같아 인터넷으로 알아보고 멀리까지 오는 경우인데 치과를 예로 들면 어려운 사랑니발치나 전신질환이 있는 임플란트시술 등이다.

전자의 경우 주요 불편사항만 해결하고 장기내원으로 이어지는 경우는 적다.

⊕ 매체를 창조하라

톰 크루즈 주연의 영화 「마이너리티 리포트」를 보면 주인공이 지하철 역을 지날 때 주인공에게 필요할 것 같은 제품의 광고가 자동으로 재생되는 장면이 나온다. 처음 보았을 때는 그냥 영화 속 상상이라고 생각했지만 이제는 책을 하나 사더라도 내가 검색한 책과 연관된 책들을 추천하는 창이 뜬다.

한 미래학자에 따르면 영화의 내용이 곧 현실화될 것이라고 한다. 그때가 되면 아마도 외모에 자신이 없는 사람이 컴퓨터나 스마트폰으로 '성형'을 검색하면 성형과 관련한 광고나 정보를 자동으로 IPTV나 휴대전화, 웨어러블통신 장비로 받아 볼 수 있게 될 것이다. 상상의 나래를 더 펼쳐본다면 산부인과의 출생기록이 생애주기와 통합되어 아이의 이를 빼야 할 시기에 맞춰 치과광고를 받아 볼 수도 있게 되지 않을까?

전자사전, MP3, 디지털카메라, 시계, 게임기 등 다양한 소형전자제품과 컴퓨터까지 스마트폰 하나에 모두 들어가 있다. 모든 매체를 통합한 것 같은 광고수단이 나오게 되겠지만 그 전까지는 적정한 수준의 마케팅 기법을 현재 매체를 통해서 실현해 내야 한다.

제일기획 김홍탁이 쓴 『디지털 놀이터』에 보면 앰비언트 미디어에 대한 설명이 이렇게 나와 있다.

"아이디어와 디지털 기술이 만나면 언제 어디서든 기업은 메시지를 전할 수 있다. 풍선에서 아스팔트 도로까지 일상생활의 모든 것이 미디어가 되고 있다. 그것도 독창적이고 스마트하게."

일반광고계는 디지털 기술과 크리에이티브가 만나서 미디어가 진화하고 있다. 병원광고에서 새로운 매체를 창조하기 어렵다면 주변의 아날로그적인 미디어를 발견해 보자.

병원이 여러 층으로 되어 있는 경우 고객이 층과 층 사이를 이동해야 하는 경우가 있다. 그때 계단을 활용한 아이디어를 만들어 볼 수 있다.

밤에 마포대교를 지나다 보면 다리에 불이 들어오는 것을 볼 수가 있다. 그 안에 메시지는 자살을 방지하는 메시지인데 센서가 달려있어 사람이 다리를 지나면 희망을 주는 메시지가 뜬다. 신도림역에는 계단을 오르면 피아노 소리가 나면서 사람들이 계단을 오른 수만큼 기부 가능한 금액이 집계되는 것도 볼 수 있다.

이 두 가지를 접목해 병원을 방문한 고객들에게 희망의 메시지와 궁금증을 해결할 수 있도록 돕는 메시지를 전달하면 어떨까?

병원을 방문하면 수없이 많은 안내문이 있다.

'검사실은 3층으로 가세요.' '수납은 1층으로 가세요.' 안내문구가 먼저 눈에 띈다. 다음으로 많은 건 '정부의 시책으로 인해 신분증을 주셔야 합니다.' '몇 월 며칠부터 시책이 바뀌었습니다.' 등등 온통 고객이 지키고 외우고 알아야만 하는 것 뿐이다. 심지어 화장실에 가면 '휴지는 휴지통에 버려주세요. 물을 내려주세요. 종이타월을 아껴주세요.' 등등 고객은 피곤하다.

> 매체를 창조할 수 없다면,
> 메시지를 창조하라.

직원이 보면 당연한 것이지만 고객은 피곤하고 전달받아야 할 메시지가 너무 많아서 어느 하나 꼭 기억에 남는 것도 없다. 병원이 전달하고 싶은 내용과 고객이 알고 싶은 내용 모두를 활용해 메시지를 만들자.

대기하다 보면 의료진의 약력, 치료내용, 새로운 장비소개 등이 무한 반복되어 나온다. 여러 번 반복해서 보지 않아도 되도록 대기시간을 줄이거나 슬라이드의 내용을 다양하게 기획해야 한다. 업데이트가 되지 않으면 최악이다. 최근에는 대부분의 고객이 대기 중 스마트폰을 이용해 각자의 대기시간을 보내지만, 병원의 일방적인 메시지 전달은 고객의 무관심을 부르게 된다.

버스정류장의 전광판은 화려한 디자인적 요소가 가미된 것도 아니고 음악이 나오거나 영상이 전송되지도 않는, 아무 재미가 없는 숫자 판이다. 흥미롭지도 않다. 하지만 정류장의 사람들은 전광판을 왜 그렇게 열심히 볼까?

정보다!! 버스정류장의 전광판 안에는 그 순간 버스를 기다리는 사람들이 가장 알고 싶어하는 정보가 들어있기 때문에 하나같이 그곳을 응시하게 되는 것이다. 대기실 대부분의 사람들은 스마트폰을 본다. 스마트폰이 피곤한 사람은 데스크를 응시한다. 언제 나를 불러줄지 간절하게 바라본다.

어떤 서비스가 가능할 수 있을까? 개별화된 마케팅 방법을 시도해 보지는 못했지만, 생각해 보고 메시지나 매체를 창의적으로 연상할 수 있는 방법을 제시하기 위해서이다.

마케팅 담당직원이 칭찬을 받고 싶어 내게 자랑스럽게 내민 것이 있었다.
"실장님 이걸 만들어서 비치하려고요."
충치를 미리 예방하면 임플란트를 할 때까지 단계별로 얼마의 비용을 절약할 수 있는지에 대한 내용이 담긴 사진이었다.
"어때요? 괜찮죠?"
"응 좋은데 이런 걸 어디서 구했어?"
"지점에 갔다가 사진 찍어 왔어요."
제목이 '호미로 막을 것 가래로 막는다'로 되어 있었다.
"이걸 그대로 쓰려고 해?"
"네. 왜요?"
"가래가 뭔지 알아?"
"……."
"고객들은 알까? 무슨 말을 하려는지 이해는 할지 몰라도 공감하지는 못할 것 같은데 제목만 봐도 내용을 읽고 싶게 하려면 제목을 어떻게 바꿔볼 수 있을까?"

내 생각을 바로 이야기하지는 않는다. 한두 번 고민을 하고 다시 물어보면 그때 같이 이야기를 한다. '말 한마디로 천냥 빚을 갚는다.'는 말도 있다. 창의적인 메시지 한마디로 광고비용을 아낄 수 있다.

⊕ 매체별 특성에 맞춰 다르게

개인적으로 블로그와 카페, 페이스북과 인스타그램, 카카오채널을 운영하고 있다. 온라인 마케팅의 적합성에 대해 개인적으로 더 알고 싶은 것이 있어서 하고 있는데, 개인적 매체인데다 여러 개를 혼자 운영해 보니 한계점도 있지만, 각각의 특성을 파악하는 데는 충분한 경험이다.

SNS를 통한 마케팅 활동에서 가장 흥미로운 것은 공유이다. 정보가 좋으면 사람들이 우리 병원의 이야기를 입소문 내주고 그 속도는 사람의 입에서 입으로 전해지는 속도와는 비교도 되지 않게 빠르다. 매체와 매체 간에 공유도 좋은 점이다. 블로깅한 내용을 페이스북이나 카카오채널 등을 활용해서 공유를 할 수 있어 하나의 스토리로 여러 매체를 활용할 수 있는 것이 큰 장점이다.

마케팅 담당자의 근무태만을 느낄 때가 있어서 안타깝다. 블로그에 올린 글을 아무 수정 없이 그대로 카카오채널과 페이스북 등 이곳 저곳에 공유를 한다. 그리고 확인 조차 하지 않아 무엇이 잘못되고 있는지 파악조차 못하고 있다. 답답한 노릇이다.

BLOG.NAVER.COM

▶ 블로그의 글을 그대로 카카오채널로 공유

　각 매체별로 고객이 좋아하는 정보와 스타일이 분명하게 있다. 그런데 아무런 설명이 없이 그대로 다른 곳에 붙여놓는다. 아무리 바쁘더라도 제목이라도 바꿔서 올리는 성의는 보이는 것이 좋다.

　블로그는 친근감 있는 주제로 비교적 길게 설명하면서 사진과 함께 올릴 수 있는 것이 장점이다. 유입검색어를 살펴보더라도 명사나 대명사처럼 단어 형태가 아니라 '흔들리는 치아 어떻게 해야 하나' 등 문장형의 검색어 유입을 볼 수 있다. 그런 블로그의 내용을 그대로 링크를 걸어 페이스북에 올리면 눈에 띄지 않는다. 페이스북은 검색어보다는 친구의 기사를 한꺼번에 스크롤해 보다가 마음에 드는 사진이나 단어가 눈에 띄면 잠시 멈추고 내용을 본다. 거기에 네이버블로그를 그대로 옮겨오면 그냥 흘러가게 된다. 간단한 설명을 붙어 올려보면 좋아요의 숫자가 달라진다. 블로깅을 위해 촬영한 사진이 있다면 페이스북에 따로 올릴 것을 당부한다.

페이스북은 하버드대학교 교내 친구들이 무엇을 하는지, 내가 마음에 드는 여학생이 남자친구는 있는지, 오늘 뭐 하는지를 알기 위해 만들어졌다. 페이스북의 활용도가 점점 넓어지고 있지만 개인이 개정을 만들어 사용하는 경우라면, 일상의 생각들을 사진과 함께 실시간으로 올리는 것이 효과적이다. 신문의 동정란처럼 '우리 병원 원장님이 언제 상을 받았어요.'라는 기사와 같은 글들은 읽혀지지 않는다. 그래서 대부분 각 병원의 원장이나 실장이 개인의 개정을 만들어 병원에서 있던 일과 일상적인 일을 같이 올리는 경우들이 많다.

비슷한 일에 종사하는 사람들과만 친구를 맺는 것보다는 가끔은 다른 업종의 조직이나 개인과 친구를 하는 것이 좋다. 비슷한 일을 하고 있는 사람들과는 그룹으로 만나 정보를 공유하고, 친구는 가급적 잠재 고객 또는 기존 고객과의 친밀한 소통의 장으로 사용되어야 효과적으로 활용하고 있는 것이다.

페이스북의 장점은 빠르게 진화한다는 것이다. 사용자의 작은 불편을 그냥 지나가지 않고 바로 바꿔준다. 빈번하게 울리는 신호음을 없애고 사진수정기능을 추가한다. SNS에서 사용자가 편리하게 사용하는 내용으로 바꾸는 것에 있어 망설임이 없다. 페이스북에도 병원의 이벤트를 모아 소개하는 페이지, 병원을 찾아주는 페이지 등이 있고 젊은 층의 환영을 받는 내용은 단연 치아교정과 성형과 관련된 이벤트 내용이다. 라식이나 임플란트 할인, 진단 이벤트 공지도 있지만, 젊은 층의 선호도가 높은 페이스북에서는 교정이나 성형과 관련한 내용에 댓글이 훨씬 많다.

경쟁적으로 가격을 낮추는 광고활동이 벌어지고 있는 가운데에서도 원장님이 개인적으로 꾸준하게 전문적인 내용과 일상적인 보통사람의 면모를 소개하며 운영하는 계정도 꽤 인기가 많다.

인스타그램은 이미지(사진)를 중심으로 한 자랑을 주로 하는 플랫폼이다. 인스타그램을 시작할 초기만 해도 동영상을 올릴 수 없었지만 최근에는 동영상도 올릴 수 있다. 여기서 '좋아요'를 많이 받는 방법은 기본적 팔로워가 많아야 하겠지만 사진의 색감이다. 한마디로 강렬한 색의 대비가 있는 음식이나 패션, 동물, 자연 등의 사진이 주목을 받는다. 페이스북과 다르게 인스타그램은 글의 주제나 내용은 그렇게 주목받지 못한다. 그래서 인스타그램에 올렸던 사진을 페이스북으로 공유한 내용을 보면 공허하다.

인스타그램과 페이스북에서 중요한 기능 중에 하나가 장소태그 기능이다. 지금 있는 곳을 함께 올리게 되면 같은 곳에서 올린 사진을 찾아볼 수 있고, 그들과 관계가 있는 사람들에게 장소를 공개할 수 있다.

팔고 싶다면 찍고 싶게 만들어라.

이미지를 기반으로 한 네트워크 플랫폼의 수혜자 중 하나가 디저트를 취급하는 매장이다. 다양한 원인이 있겠지만 앞다투어 디저트를 화려하게 만들기 위해 경쟁이 치열하다. 색감이 좋은 딸기 디저트가 인기다. 그래서인지 디저트를 시켜서 친구가 사진 찍기 전에 먹으려 들면 눈총을 받는다. 다음으로 수혜를 받은 곳이 다양한 물건들을 모아 놓고 파는 편집숍이다. 이곳에 가면 희귀한 아이템이 많기 때문에 눈과 폰이 즐거운 시간이 된다. 갑자기 병원에서 사진 찍는 사람은 어떤 사진을 찍을까 궁금해져 #병원으로 검색을 해보았다.

병원에서 일하는 사람들의 무료한 일상을 알리는 사진
병원에 와서 기다리고 있어요 / 병원 가는 길이에요
감기 걸렸어요 / 주사 맞아요 / 깁스했어요

이렇게 나 위주의 사진이 대부분이다. 물론 병원에서나 병원직원이 병원을 홍보하기 위해 병원의 일상을 올리거나, 연예인 등 유명인사가 방문하면 절대 아무데도 갈 수 없을 것 같이 팔을 꽉 잡고 찍은 인증사진도 가끔 있기는 한데, 병원은 디저트를 파는 곳처럼 자랑하고 싶거나 찍고 싶은 장소가 아닌 것은 확실하다.

▶ 〈출처: 인스타그램〉

병원을 스스로 자랑할 줄 아는 것도 좋지만 고객이 우리 병원을 자랑할 수 있는 장치와 이야기 소재를 개발해 보자.

보도자료를 기획하기도 하고 써보기도 했지만 결국 보도자료가 나가는 매체는 전자신문과 업계 동정란에 나간다. 병원의 전문적인 활동을 기사화해 외부와 소통하기 위해 내는 것이 보도자료이다. 병원의 인증획득이나 원장님의 학술활동 등의 소식은 일반독자가 아닌 의료업에 종사하는 동료에게만 알리게 되는 것이 아깝다. 기사화된 내용을 공유하고 싶게 만들자. 전문적인 내용이나 학술적으로 인정받은 내용을 고객이 관심을 가지고 공유하고 싶게 만들려면 어떻게 하면 좋을까?
'○○원장님 ○○학술대회에서 수상' 이렇게 쓴다면 고객은 '아 그렇구나 그게 뭐?'하고 지나칠 수 있다. 논문 내용에서 고객들이 피부로 느낄 수 있는 어려움이나 정보를 추출해 머리기사로 기획하는 것이다.
'술 마시면 잇몸병 1.3배 더 잘 걸린다.' 소식을 정보로 전환하는 작업이 필요하다.

싣지 말고 싣고 싶게

마케팅 담당자가 노력을 해서 하루 종일 써서 올려도 고객은 관심을 기울이지 않는다. 내 친구, 우리 옆집 아저씨의 진정성 있는 말 한마디가 고객에게는 더 솔깃하다.
얼마 전에 미국의 한 병원에서 19세 환자를 떠나 보내고 오열하는 의사의 사진이 SNS를 타고 화제가 된 적이 있었다. 그 사진이 화제가 된 이유는 그 현장의 비통함이 그대로 전해진 이유도 있겠지만 병원을 찾는 고객이 보고 싶은 모습이었기 때문일지도 모른다.

'의사도 같이 마음 아파하는 사람입니다.'라는 댓글이 있었다. 많은 병원 종사자들이 치료가 예상했던 방향으로 가지 못하면 속상해하고 전문성을 키우기 위해서 공부도 많이 한다.

'강의하러 가요.' '방송 출연해요.' '시장조사 하러 중국가요.'라는 글은 주로 지인이나 동료에게 노출된다면 유효하지만, 고객과의 소통을 목적으로 한다면 배우고 변화하고 달라지는 병원의 모습이 더 공감 받을 수 있다.

고객과 미디어의 주목을 받기 위해 무언가를 만들어내는 것은 좋지만 지나치면 오히려 해가 되는 경우도 있다. 창의적인 것과 튀는 것은 구별되어야 한다.

'꽃미남 코디네이터'를 키워드로 시스템을 기획하고 광고를 한 병원이 있었다. 처음에 소식을 접하고 통념을 깬 파격적인 기획에 '도대체 얼마나 잘생겼기에 꽃미남이야?'하는 호기심에 홈페이지를 방문해 보았다. 코디네이터 군단 외에도 새로운 기획이 많이 눈에 띄었다. 우연치 않게 해당병원의 마케팅을 담당했던 직원과 인터뷰를 할 기회가 생겼다. 참신한 기획에 대한 결과가 궁금해 물어보았다.

"연예인이나 모델을 지망하던 친구들을 뽑아두니 일단, 하루 종일 근무하는 것이 어려웠습니다. 중간중간 오디션도 보러 가고 해야 하는데 병원이라는 곳이 언제 고객이 올지 모르니 시간을 빼주기가 어렵잖아요. 그리고 고객들도 아직은 익숙하지 않으신 것 같아서 자리를 잡지는 못했습니다."

새로운 시도를 해보는 것은 새로운 가능성을 발견하는 좋은 방법이고 안 되는 것을 아는 가장 빠른 방법이기도 하다. 고객들도 가끔은 변화를 원하지만 파격까지 받아들일 준비가 되어 있는 고객은 많지 않은 것 같다. 아이디어는 재미있고 참신해서 인지도는 높였지만 호감을 끌지 못해 아쉬웠던 사례들이 있다.

🔵 지속적으로 진행한다

그럼에도 불구하고 '재미는 있는데 될까?'라고 고개를 갸웃한 경우가 있는데 성공한 광고기획이 있다.

어느 날 케이블 방송에서 날씬한 여인의 손을 잡고 미쉐린타이어의 캐릭터를 닮은 녀석이 나타나 여인과 눈물겨운 아쉬운 이별을 하는 장면을 보던 순간, 나는 누워서 텔레비전을 보다가 천천히 일어났다.

'지방흡입'을 브랜드로 삼은 병원의 텔레비전 광고였다. 이후에 버스 외부광고에서도 '지방 캐릭터'를 볼 수 있었고, 텔레비전 광고도 시리즈로 여러 편이 제작되면서 인기를 얻었다. 이 광고가 기억에 오랫동안 남는 이유는 중 하나는 다이어트를 해 본 사람이라면 누구나 공감하는 광고 콘셉트와 지긋지긋한 몸의 지방덩어리를 오히려 캐릭터화해 여성들의 호응을 받은 점이다. 헤어지기에는 너무 귀여운 지방이었지만 여성뿐 아니라 남성들도 기름기 없는 몸매를 위해서 병원행을 결심하게 만들었다. 두 번째 이유는 비만전문클리닉으로 브랜드를 정하고 일관성 있게 브랜드와 연관된 다양한 광고전략을 세워 꾸준하게 이어 온 것에 있다.

개그프로그램에 새 코너가 소개되면 처음에는 '저게 뭐야'했다가도 한두 주를 반복해서 보다 보면 피식하고 웃음이 나온다. 음악도 처음에는 가사도 잘 안 들리고 좋은 줄 모르다가 거리나 상점에서 반복해서 듣다 보면 나도 모르게 좋아지고 따라 부르고 있는 모습을 발견하게 된다.

자꾸 보면 정이 생긴다는 말이 있다. 노래 중에 같은 가사를 반복하는 노래를 '후크송'이라고 한다. '텔미텔미테테테테텔미 나를 사랑한다고'를 반복해 남녀노소 할 것 없이 원더우먼 댄스를 따라하게 만든 걸그룹을 시작으로 많은 노래들이 쉽게 재미있는 가사를 쓰기 시작했다. 싸이의 '강남스타일' 뮤직비디오를 처음 봤을 때 B급이라는 말도 있었지만, 말춤이라는 중독성 강한 춤을 세계인이 반복하기 시작하면서 어느새 우리에게도 익숙해지고 오랫동안 관심을 받았다.

처음 반응이 시큰둥한 광고계획을 지속할 것인지 철회하고 새로운 전략을 사용할지를 결정할 때는 다양한 요소를 반영하여 결정을 하게 된다. 광고에 대한 반응과 광고예산 그리고 얼마나 효과적이었는지가 궁금하다. 하지만 광고에 대한 반응을 직관적으로 판단해 계속할지를 결정하기보다는 병원이 추구하는 브랜드의 방향과 장기적인 방향과 일치 한다면 형식을 다르게 해 지속해보는 것이 좋다.

방송프로그램 중에 '파일럿 프로그램'이 있다. 명절 등에 특집방송으로 편성을 했다가 반응이 좋은 프로그램을 정규방송으로 편성하는 방법이다. 파일럿으로 광고활동을 진행할 때는 'Move Fast'가 필요하다. 실행과 판단을 빠르게 해 지속할지 여부를 결정하는 것이 효과적이다.

⊕ 동원 가능한 자원을 고려한다

병원의 규모나 전담인력에 따라서, 또 광고홍보비용으로 지출가능 한 금액을 산정하고 업무를 명확하게 지정해 주어야 한다.

- 블로그나 카페 홈페이지, SNS 등의 온라인 마케팅
- 카카오톡 상담이나 콜센터 운영, 문자 상담 등의 다이렉트 마케팅
- 전광판이나 버스, 지하철역, 광고판 게시 등의 오프라인 마케팅
- DID설치, 화면보호기, 안내표지판, 포스터, 리플렛 등의 내부홍보물
- 지역연계건강강좌, 문화행사지원, 봉사활동 등의 프로모션활동
- 텔레비전 광고, 버스 광고, 보도자료 배포 등 다양한 매체 활용 등

마케팅 활동에서 표현방법으로 선택할 방법과 매체는 그 수를 다 기억하기 어려울 정도로 많다. 여러 매체를 활용하다 보면 어느 순간 소외되어 미처 관리하지 못하는 매체들이 생겨난다. 이미 시작은 해놓았으니 없애기 아까워 그냥 방치되는 경우도 발생한다. 고객은 방치된 홈페이지나 카페을 방문하면 관리자나 조직에 대해 안 좋은 인상을 받게 된다. 잘할 수 있는 것 또는 꼭 필요한 매체를 선정해 빠르고 꾸준하게 진행하는 것이 좋다.

음식에도 궁합이 있듯이 매체와 전달하려는 메시지에도 궁합이 있다. 한가지 매체에 너무 많은 것을 담으려고 하다 오히려 메시지가 모호해 지는 경우가 있다. 병원의 규모가 커지고 다양한 방법으로 고객과의 커뮤니케이션을 시도하게 되면 매체들이 한 목소리를 내고 있는지 수시

로 점검해 보아야 한다. 메시지가 분산되면 서로 다른 악보를 보고 연주하는 오케스트라 연주와 같다고 보면 된다. 본격적으로 연주가 시작되기 전 악기를 조율할 때 나는 소리와 비슷하다고 비유하면 적절하다.

기획은 산부인과다

병원마케팅에 대한 책이니만큼 병원과 관련된 독자들과 소통할 수 있는 마케팅 활동의 다양한 측면을 조명할 수 있는 기획을 하고 싶었다.

창작을 해야 하는 마케팅 업무를 담당해야 한다면 한번 시도해 볼 만한 방법일 수 있겠다.

> 의료/병원 + 마케팅 + (   ) = 상호보완적 병원마케팅

에 대한 고민을 두세 달 계속했다. '과연 (   )에 무엇을 넣으면 병원만의 마케팅을 재미있게 이야기 할 수 있을까?'를 고민하다 생각 난 것이 인체와 비유한 마케팅 요소가 되었다. 그림을 머리 속에 그리고 나서는 'Small Start Move Fast'를 시험해 볼 차례이다. 의사, 마케팅 업체 담당자, 중간관리자 또 다양한 연차의 사람들을 만나 아이디어에 대해서 설명을 하고 마케팅을 그렇게 이해하면 어떻겠는지 피드백을 받았다. 내가 만나 조언을 구하는 사람은 대부분 돌직구에 능한 사람들이

다. 그들의 피드백을 받으면 기분은 좀 상하지만 결과는 명확하다. 모두가 수긍하고 나름의 아이디어를 조금씩 보태주어서 쓰기 시작했다.

마케팅 활동을 하다 보면 전혀 새로운 것을 잉태해서 출산을 해내야 할 때가 있다. 그만큼 고민하고 연구하고 공부한 만큼 결과는 따라 온다. 전혀 새로운 것 같지만 부모의 유전자를 타고나듯이 마케팅 활동은 그 병원의 브랜드와 문화를 가지고 태어나는 것이 되어야 제대로다.

이제 그렇게 만들어진 마케팅 활동들이 건강하게 오래 살려면 공통적으로 어떤 활동들을 해야 하는지 '공감 즐거움 함께 매일'라는 4가지 키워드로 요약해 살펴보게 될 것이다.

춘천예치과의 '백년의 약속'

『근거기반 병원마케팅』에 마케팅에 대한 사례와 다양한 관점을 담고 싶다고 생각했을 때 가장 먼저 떠오른 곳이 춘천에 있는 '예치과'이다. 사석에서 알고 지낸 매니저님을 통해 춘천지역분들과 함께 진행하고 있는 병원의 문화마케팅에 대해 중점적으로 취재해 책에 싣고 싶다고 말씀을 드렸는데, 예치과 문화에 대해 색다른 느낌을 받기 시작한 것이 이 시점이다.

"오세요. 말씀 드려 둘게요."

"매니저님, 원장님 결재 없이 진행하셔도 돼요?"

"대표님 좋은 분인 것 아는데요. 저희 병원을 위해 잘 써 주실 거라 생각해요."

"매니저님, 최고입니다."

"세부일정은 담당팀 실장님과 상의해서 잡으시면 될 거예요."

그렇게 해서 취재와 인터뷰가 이루어졌다. 장소는 지역주민들과의 소통 장소로 이용되고 있는 '예카페'에서 진행되었다. 문화마케팅을 담당하고 계신 김동석 원장과 자리를 같이했다. 3시간 동안 인터뷰를 진행하면서 개원에서 확장, 갈등, 리더로서의 고민과 병원의 향후 비전과 가치관 등 다양한 이야기를 담백하게 들을 수 있었다.

인터뷰 내용을 정리해서 쓰는 것보다 김동석 원장이 인터뷰를 위해 새벽까지 병원에 대해 고민하며 준비해 준 글을 그대로 싣는 것이 춘천예치과의 마케팅 철학에 대해 가장 진솔하게 느낄 수 있을 것 같아 그대로 옮긴다. 늘 해왔던 인터뷰가 아니라 이번만을 위해 준비해 준 정성이 그대로 전해졌기 때문이다. 평소 생각을 정리한 글을 회의 때 직원들과 공유하고 책으로도 낸 김동석 원장의 글을 그대로 전한다.

춘천예치과의 문화(文化)

공동대표원장 김동석

제가 생각하는 문화(文化)란 함께 행복을 꿈꾸며 사는 사람들이 만들어
내는 다양한 습득, 공유, 전달되는 행동양식이나 생활양식의 과정, 그로
인해 생겨난 무형, 유형의 소산(所産)입니다.
습득, 공유, 전달이라는 말은 다시 말하면, 문화는 소통(疏通)이라고 해
도 과언이 아닌 거죠. 뻔한 얘기일 수는 있지만 결국 문화를 이야기하려
면 소통의 중요성을 이야기하지 않을 수 없습니다.
 병원의 문화는 소통의 문화입니다. 즉 원장과 환자, 환자와 직원, 직원과
직원, 직원과 원장 간의 소통이 원활하게 하기 위한 모든 방식이나 소산
이 그 병원의 문화가 되는 것입니다.

앞서 문화란 행복을 꿈꾸는 사람들이 만들어 내는 것이라고 했습니다. 누
구든 불행한 문화를 꿈꾸지는 않으니까요. 즉, 문화가 만들어지는 궁극
적인 이유는 행복해지고 싶어서입니다. 따라서 행복을 만들어내지 못하
는 문화는 잘못된 문화, 혹은 방향성이 옳지 않은 문화라고 봐야합니다.
우리는 병원의 경영과 마케팅을 이야기할 때 그 병원의 독특한 문화가 무
엇인지 관심을 갖게 됩니다. 그 병원의 문화가 곧 그 병원의 색을 결정하
고 그 결정된 색은 그 병원의 이미지와 매출을 결정하는 핵심이 됩니다.

마케팅을 이야기할 때 이제는 감성적인 면을 많이 강조합니다. 이러한 마
케팅 3.0의 시대는 사실 예전과 근본적으로 다르지는 않습니다. 다만 고
객만족과 행복을 끌어내기 위해 행하는 행위가 조금 달라진 것 뿐 입니
다. 단순한 물건을 파는 단순마케팅도 사실 그 물건이 필요한 사람에게
필요성을 채워주고 그 자체로 행복감을 주는 것이었습니다. 이제는 그 중
심이 고객에게로 가고 그 고객의 영혼을 감동시키는 마케팅에 초점이 맞
추어지고 있는 것입니다. 그렇다면 행복을 꿈꾸는 사람들이 만들어내는
문화란 것이 결국 행복을 추구하는 모든 사람들이 물건을 팔고 사는 행위
와 결합되는 것이 결국 마케팅 3.0과 다르지 않을 것입니다.

환자는 행복해지려고 병원을 찾는 것은 아닐 겁니다. 병원을 찾는 사람들이 원하는 질병의 치유는 기본적인 기대감입니다. 난치병이나 불치병이 아닌 이상 그 기대를 채우는 것은 만족감을 느낄 뿐이지 행복을 느끼지는 못합니다. 하지만, 환자는 치유 이외의 다른 것들에서 만족을 넘어서는 행복감을 느낄 수 있습니다.

찾아온 고객에게 행복을 줄 수 있는 병원의 구성원은 크게 원장과 직원입니다. 원장은 책임 있는 진료를 해주는 것이 최선입니다. 그리고 만족스러운 치료를 통해 행복감을 느낄 수 있습니다. 하지만 진료 이외의 다른 서비스를 제고하기에는 시간적인 여유가 없는 것이 현실입니다. 문제는 환자는 진료 이외의 서비스를 원한다는 겁니다. 그리고 그런 진료 이외의 서비스가 그 병원의 이미지를 좌우하게 됩니다. 즉 궁극적으로 서비스를 받는다는 느낌의 행위는 직원이 담당하고 있다는 얘기입니다. 그렇지만 행복하지 못한 의사와 직원의 병원에서 고객은 행복을 느낄 수 있을까요? 그리고 행복감을 얻지 못하는 병원은 소개도 할 수 없고 다시 찾아가고 싶지도 않을 것입니다. 따라서 직원들을 통한 고객만족, 행복을 얻을 수 있는 길의 핵심은 결국 '직원이 행복한가? 의사가 행복한가?'인 것입니다. 따라서 병원문화는 행복한 의사와 직원을 만들어주는 문화가 가장 이상적입니다.
행복한 의사와 직원을 위한 춘천예치과 문화의 핵심 화두는 이렇습니다.

1. 소통

인간이 받는 스트레스는 물리적, 화학적, 생물학적인 스트레스 이외에도 생리적 스트레스, 정서적 스트레스, 사회적 스트레스 등 이루 말할 수 없이 많습니다. 즉 자신을 둘러싸고 있는 모든 환경이 스트레스로 다가올 수도 있다는 말입니다. 혼자서 사는 것 자체도 스트레스겠지만, 우리가 받는 스트레스 중 많은 것들이 사실 함께 하는 사람들 때문인 경우가 많이 있습니다. 따라서 스트레스는 인간관계에서 가장 많이 쌓이는 것이 사실입니다. 치과에서 일하는 사람들은 감정노동에 노출되어 있고 대부분이 사람과의 소통문제로 인해 생깁니다. 어디에 하소연할 곳이 없어서 직원 혼자서 고민하거나, 원장의 잘못을 뒤에서 수군거리고, 환자와의 문제를 남의 탓으로 돌리고, 직원들끼리 서로 뒷담화가 끊이지 않는 등의 문제들은 소통이 원활하게 이루어지지 않는 병원에서 흔히 발견되는 사실입니다. 치과에서 일하는 사람들은 감정노동에 노출되어 있고 대부분이 사람과의 소통문제로 인해 생깁니다.

원장들 간의 소통

10명이 넘는 의사가 있는 병원이니 의사들 간의 소통은 진료를 위해서도 필수적입니다. 그리고 파트너십을 위해서는 진료적인 면을 떠나 인생의 목표를 같이 고민하는 것도 필요합니다. 공동개원을 하신 분들 중 많은 분들이 서로 관계가 틀어져 서로 얼굴을 보지 않는 경우를 봅니다. 얼굴을 보지 않고도 각자 일을 하면서 수입을 분배하는 한 병원 안의 적이 아닌 적이 되는 것이지요. 저희는 공동개원은 결혼생활과 같다는 생각입니다. 싸우더라도 잠은 같이 자야 하는 부부처럼 싸울 일이 있어도 만나서 싸웁니다. 그런 철학이 만들어낸 원장들 간의 문화는

1) 개인 방이 없습니다. 공동으로 방을 쓰는 구조는 결국 얼굴을 보게 만듭니다. 공동개원의들 사이의 잦은 대면은 필수적입니다.

2) 병원 업무에 대한 이사회를 한 달에 한 번 합니다. 회의를 자주하는 것은 오히려 좋지 않습니다. 그렇다고 모이지 않으면 안됩니다. 한 달에 한 번 주제를 정해 하는 회의는 효과적입니다.

3) 한 달에 한 번은 밖에서 만납니다. 병원 이야기가 아닌 세상 돌아가는 이야기로 서로를 알고 철학을 공유하는 자연스러운 만남을 가집니다.

4) 부부동반 모임을 하지 않습니다. 아무리 사이가 좋던 원장들도 아내들끼리 만나서 비교하고 불만을 토로하면 파트너십에 문제가 생깁니다. 공동개원은 원장들 간의 또 다른 결혼생활입니다. 진짜 부인이 나타나면 깨집니다.

원장과 직원과의 소통

원장과 직원과의 소통 방법은 다양해야 합니다. 한 가지 소통의 통로만으로는 직원과의 소통은 불통이 될 수밖에 없습니다. 다양한 소통의 방법을 동원하는 것이 필요합니다.

1) 일주일에 한 번씩 굿모닝 미팅을 통해 원장들과 소통합니다. 원장마다 특색 있는 주제를 정해서 돌아가면서 직원들에게 다양한 이야기를 해 줍니다. 원장들이 하는 이야기는 진료에 대한 이야기는 물론이고 다른 치과 벤치마킹, 책소개, 영화소개, 수화, 영어회화, 중국어회화 등 원장 개인의 능력에 맞게 다양하게 진행됩니다. 직원들에게 이야기하는 주입식 교육의 틀을 벗어나 원장의 철학과 남다른 지식을 전하는 시간입니다. 우리는 직원들과의 소통을 이야기할 때 직원들의 이야기를 많이 들어주는 것에 초점이 맞추어져 있습니다. 하지만 원장들의 이야기를 충분히 들어보지 못한 직원들은 자신들의 생각조차 제대로 전달할 수 없습니다. 따라서 원장들이 가지고 있는 다양한 생각, 지식들을 나누는 시간은 필요합니다.

3) 한 달에 한 번씩 실장급 이상들과 원장들이 모여 전략회의를 합니다. 실장 이상의 직원은 파트너와 같습니다. 병원의 세부적인 내용도 공유하고 같이 머리를 맞대고 고민합니다. 병원의 매출도 투명하기 때문에 실장급 이상에게는 공개하고 같이 매출 증대를 위한 회의도 하게 됩니다.

4) 각 팀별로 일주일에 한 번씩 팀회의를 갖습니다. 5~10명 사이의 소규모 회의이기 때문에 실제 직원들의 이야기를 충분히 들을 수 있는 시간으로 삼습니다. 그리고 각 팀별로 한 달에 한 번씩은 회식을 지원하여 병원 밖에서 모여 세상 돌아가는 이야기도 같이 하게 됩니다.

직원들 간의 소통

직원들이 많은 조직에서는 직원들 간의 소통도 중요합니다. 실장회의를 통해 각 팀의 문제점을 공유하고 해결하려고 노력합니다. 소통 외에도 운동모임, 술모임, 세미나모임 등 사내 동아리 활동을 권장해 취미활동 및 여가를 통해 직원 간의 화합을 유도합니다.

병원과 환자와의 소통

진료실에서의 소통이 가장 중요합니다. 환자와의 첫 대면에서부터 다시 내원하시게 될 때까지의 소통을 위해 다양한 MOT를 염두하고 실천합니다. 하지만 환자와의 소통은 진료실에서만 이루어지는 것은 아닙니다. 그리고 환자와의 소통의 문제는 주로 진료실 이외의 곳에서 생깁니다.

1) 고객만족실(콜센터)을 운영해 환자의 전화를 놓치지 않습니다. 부재중 전화가 남아 있는 경우에도 콜백시스템으로 환자에게 전화를 걸어 문의합니다.

2) 인터넷 의료 상담 및 고객의 소리를 운영합니다.

3) 실장급 이상에게는 개인 관리 휴대폰이 제공되어 환자의 응급전화를 받을 수 있도록 합니다.

4) 배너를 충분히 사용합니다. 병원 곳곳에 세워져 있는 다양한 병원 안내 및 치료 주의사항 등은 미처 전달하지 못한 내용을 전해주거나 전달한 내용을 다시 상기시켜주도록 합니다.

5) 한 달에 한 번씩 다양한 문화공연을 통해 환자분들과 직원 원장들이 함께하는 시간을 갖습니다. 치과의 문턱을 낮춰 환자와의 소통을 돕도록 합니다.

2. 건강

자신의 몸이 건강하지 못한데 환자를 돌보기란 쉽지 않습니다. 스스로 건강을 챙기는 것이 직원들의 몫이기는 하지만 직원의 건강을 돌보고 있다는 병원의 철학은 직원 만족을 위해 반드시 이루어져야 하는 부분입니다. 시간외 근무가 과도하지 않도록, 휴가는 원하는 때에 잘 쓸 수 있도록, 정기 건강검진을 꼭 받도록, 생리휴가와 출산휴가 등 여성으로서 누려야 할 기본 건강복지가 잘 이행되는지 확인해 봐야 합니다. 원장의 입장에서 개인적으로 직원의 안색을 살피고 건강에 관심을 가져주는 따뜻한 배려는 직원만족과 직접 연결되는 중요한 포인트입니다.

저희는 특히 메디컬빌딩의 장점을 살리고 있습니다. 같은 건물 내 소아과, 내과, 산부인과를 적극 활용해 직원들의 건강을 챙깁니다. 독감주사 및 산전후관리 등 아이들의 진료를 원활하게 받을 수 있도록 합니다. 일 년에 정기 건강검진도 빠짐없이 받을 수 있도록 합니다.

3. 가족의 행복

일과 가정의 균형, 흔히 WLB(Work and Life Balance)라고 이야기하는 부분은 원장이 가장 흔하게 지나칠 수 있는 부분입니다. 내 가족도 신경 쓰기 힘든데 직원들의 가족까지 생각하기가 쉽지는 않기 때문입니다. 하지만 아주 세세한 부분까지 신경 쓰기는 힘들고 그렇게까지 할 필요도 없습니다. 다만 병원의 시스템이 가족과의 시간을 배려하지 않거나, 가족들의 대소사를 챙기는 것에 소홀하거나 집안문제로 병원의 일에 문제를 일으키는 것을 지나치게 문제 삼거나 하는 것은 직원만족에 큰 영향을 미칠 수 있다는 겁니다.

사회 첫발을 내딛는 직원들이 채용되는 경우 부모님들을 초대하여 병원을 투어하고 원장을 대면할 수 있는 시간을 가집니다. 훌륭한 시설을 돌아보고 같이 일하게 될 원장과 이야기를 하고 나면 부모님의 불안을 덜어드릴 수 있고 이렇게 일을 하게 된 직원들의 이직률은 급격하게 낮아집니다.

4. 복지

직원만족을 위해서 사실 원장님들이 가장 관심 있어 하는 분야가 바로 직원복지일 겁니다. 하지만 복지에 있어서 가장 흔하게 시행하는 오류는 바로 직원이 원하는 복지가 아닌 엉뚱한 복지를 해주는 것에 있습니다. 최근 조사에 의하면 직장인들이 가장 원하는 복지 중 가장 높은 순위는 다름 아닌 구내식당운영, 휴가비 지원인 것으로 조사되었습니다. 근무여건의 개선, 합리적 보상이라는 큰 테두리로 보아도 되지만 사실은 점심식사 고민을 해결해주고, 놀고 쉬는 시간을 도와 달라는 어찌 보면 가장 원초적인 것입니다. 따라서 직원의 복지를 생각할 때에는 보기 그럴듯한 것들이 아닌 실제로 직원이 가장 원하는 것이 무엇인지 제대로 조사해 보는 것이 필요합니다.

저희는 직원저리대출, 네일 및 마사지 지원, 각종 외부 강의 및 세미나 지원, 장기근속자 포상, 구내식당운영, 가족 치료비 지원, 기숙사 제공 등 직원들이 몸으로 느낄 수 있는 현실적인 복지를 시행하려고 노력하고 있으며 매년 한 가지씩은 새로운 복지를 만들어내는 것을 목표로 하고 있습니다.

5. 성장

인간이 느끼는 가장 원초적인 '재미'가 바로 '성장'인 것을 아십니까? 자신이 성장할 수 있는 것에서 사람은 재미를 느낍니다. 게임을 하면서도 새로운 것을 알고 기록을 깨서 성장해야 재미를 느끼고, 운동을 해도 이기는 횟수가 늘고 급수가 늘어야 재미가 있습니다. 병원에서의 성장이야말로 직원이 병원의 일에 재미를 느끼고 만족할 수 있는 가장 중요한 분야라 해도 과언이 아닙니다. 알아서 이런 저런 세미나를 다녀서 배우라고 하면 안 되고 체계적으로 배워야 할 분야와 추천 세미나 목록을 만들어서 교육시켜야 합니다. 보험청구도 정식으로 배워서 급수를 따게 해야 하고 여러 자격증에도 도전해 보라고 격려하고 지원금도 아끼지 말아야 합니다. 이렇게 자신이 성장하는 병원에서 직원은 절대 떠나지 않고 그 병원과 함께 성장합니다.

6. 착한병원

그 어느 누구도 부끄러운 직장에서 계속 일하고 싶지는 않을 겁니다. 아무리 월급을 많이 주더라도 남에게서 손가락질 받는 직장에서는 만족스러운 직장생활이 힘들기 때문입니다. 남들에게 자랑할 수 있는 것이 무엇이 있을까요? 원장의 실력이 뛰어나서 치료를 잘한다는 자랑은 사실 남에게는 자랑으로 들리지 않습니다. 병원을 홍보하는 것처럼 보일 뿐입니다. 하지만 치료 이외의 다른 분야라면 이야기는 달라집니다. 환자들에게 해주는 남다른 서비스가 있다면, 또는 사회에 어떤 공헌을 하고 있다면 좋겠죠.
핵심적인 것은 좋고 착한 이미지입니다. 우리가 유사한 제품 중 하나를 사야 한다면 왠지 '좋고 착한' 이미지의 기업 제품을 구매하고 싶은 이유는 그런 회사가 계속 존속했으면 하는 마음 때문입니다. 환자들에게 해줄 수 있는 착한서비스, 사회에 할 수 있는 봉사들에 대해서 한번쯤 고민해 보세요. 착한병원에 다니는 직원의 만족도는 아주 높답니다. 저희는 치료에 대한 무상 A/S, 정기 카페공연, 직원경매를 통한 기부, 정기적인 불우이웃돕기 및 다양한 의료봉사, 사회봉사활동을 통해 착한병원으로 계속 성장하고 있습니다.

행복을 위한 문화

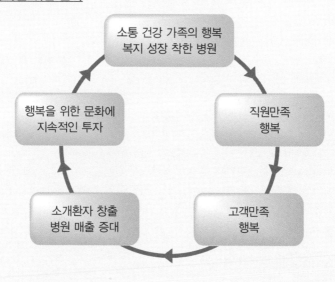

김동석 원장의 춘천예치과 마케팅의 작동원리를 반복해서 읽으며 『근거기반 병원마케팅』를 요약한 그림과 닮아있다고 느낀 것은 나만일까? 춘천 예치과를 좋아해서 그런 생각을 하게 된 것인지, 마케팅 이론이 같아서 병원을 좋아하게 된 것인지는 정확하게 알 수 없다.

2015년은 춘천예치과 개원 10주년이라고 했다. 그래서인지 예전에 방문했을 때에는 없던 현판이 세워져 있었다.

▶ 춘천예치과 현판 〈출처: 사랑받는병원연구소〉

실제로 내부 시스템이나 운영방식에서 세대를 이어갈 수 있도록 꼼꼼하게 정비를 하고 있다고 말씀해 주셨다.

누군가와 100년간 약속을 지키는 것은 쉬운 일이 아니다. '100년'을 슬로건으로 사용하는 것은 간단하고 그럴듯해 보이지만, 그 약속을 지켜나가기는 어렵다. 경영환경이 빠르게 변하는 초스피드시대에는 더욱 그러하다.

"치료가 끝난 고객이 다시 병원을 찾는 것이 반갑기만 한 일인지 고민될 때가 있습니다. 시간이 지날수록 '이상하다 아프다 불편하다' 등 불편을 호소하는 고객이 대부분인데 힘들지 않으세요."

"그렇죠. 하지만 우리가 받은 진료비에는 불편한 부분을 보증해 주는 것까지 포함되어 있기 때문에 힘들어도 약속은 지켜야죠. 그런 것까지 해줄 거라고 믿으니까 고객이 기꺼이 진료비를 지불하는 것 아닌가요?"

춘천예치과는 눈에 띄는 기획이벤트나 광고활동을 하고 있지는 않다. 각 매체가 갖고 있는 특징에 따라 병원을 찾으려는 고객에게 정확한 정보를 전달하는 것이 우선이라는 쿨한 대답을 들을 수 있었다.

도대체 병원마케팅 어떻게 하라는 거야?

Part I 에서는 병원마케팅을 구성하는 6가지 요소를 인체에 비교해 알아보았다. 병원마케팅은 유기적인 관계에 놓여 있다. 조직의 건강상태에 따라 마케팅의 재료가 건강해지며 매체는 우리가 말하거나 울거나 웃거나 손짓하는 등의 표현 수단으로 마케팅 내용에 따라 적절하게 활용하면 된다.

앞으로는 이 6가지 요소를 최적으로 연결해 최고의 효과를 내기 위해서는 어떻게 해야 하는지에 대해서 '공감/즐거움/함께/매일'이라는 4가지 키워드로 함축해 차례로 알아본다.

"다만, 그것이 힘든 것은
병의 원인과 치료법만 배우고,
고객을 공부하지 않았기 때문이다."

Part II

공감하다
Sympathy

그거 공감³ 맞아??

우리가 하고 있는 배려는 대부분 나를 위한 배려인 경우가 많이 있다. "세상에 나 같은 남편이 또 어디 있어?"라고 말하는 사람의 부인을 만나 이야기해 보면 대부분 남편의 말에 동의하지 않는다.

직원들을 위한 복지는 아무리 해주어도 끝이 없다고 하소연을 하지만 직원들이 원하는 복지와 병원에서 만들어가는 복지제도가 일치하지 않는 경우도 많이 있다. '회식 때마다 호텔에, 소고기에 좋은 것 찾아 하고 병원 중 구글급의 복지 아니야'라고 생각하지만 정작 직원들은 잦은 회식과 음주에 지쳐가고 있을지도 모른다.

직원문제로 고민을 하고 있는 중간관리자를 만났다. 본인에게 업무가 집중되어서 일을 좀 나누지 않으면 지쳐버릴 것 같아 직원들에게 본인의 노하우를 나누어 주려는데 애들이 관심이 없다고 하소연을 했다.

관리자가 가지고 있는 노하우는 스스로에게는 병원에서 일하는 동안 스스로 열심히 배우고 익히고 따로 강연과 세미나를 찾아 다니며 습득하게 된 소중한 자산이지만 직원들은 그것에 관심이 없다. 해당 직원이 요즘 관심을 가지고 있는 것이 무엇인지 물었다. 인스타그램에 사진을 올리고 친구들 사진을 검색하는 것에 흥미를 느끼는 것 같다고 했다.

---

3 공감 : 남의 감정, 의견, 주장 따위에 대하여 자기도 그렇다고 느낌. 또는 그렇게 느끼는 기분 〈출처: 네이버사전〉

"그럼 이야기를 거기서부터 시작해 보시면 어때요?"

상대가 열을 올려 이야기하고 싶은 것으로 이야기를 시작하고 그가 열광하는 것에 같이 열광해 주면 상대도 당신에게 열광해 줄 것이다 라고 했다. 한 달 정도 후에 관리자를 다시 만났다. 직원과 이야기를 나누었는데 직원이 바로 머리를 자르고 나타나 태도가 확연하게 달라졌다고 했다.

특히 병원의 마케팅을 담당하고 기획하는 사람에게는 가장 필요한 것이 공감하는 능력이라고 할 수 있다. 우리가 상대의 기분과 감정을 공감했다고 착각하고 하는 일상의 실수는 어떤 것이 있을까?

다음은 SNS상에 올라온 글이다. 공감과 배려에 대한 어른들의 착각을 알려주는 것 같아 인용해 보았다.

학교 급식실이 작아 동시에 전 학년을 수용할 수 없어 3학년은 조금 늦게 급식을 먹게 됐다. 기다리는 동안 아이들이 배가 고플 것을 우려해 학부모들이 돌아가며 간단한 간식이라도 준비해주면 아이들의 배고픔이 덜 할 것이라고 판단한 담임이 학부모에게 간식(초코파이 등 간단한 것들)을 요청했다.
며칠 돌아가며 간식을 준비한 학부모들은 긴급미팅을 가지고 간식 준비의 문제점을 논의한다.
1. 급식 전 간식을 먹으면 아이들이 밥을 먹지 않는다.
2. 굳이 밥을 먹는데 간식을 준비해야 하느냐
3. 부담스럽다.

대부분의 학부모들은 간식의 불필요성을 이야기했고 담임에게 통보했다. 담임은 학생들에게 앞으로 더 이상의 간식이 없을 것이라 이야기 했고 사진의 일기는 오늘밤, 우리 딸의 일기다. 이상하게 현재의 정치인들과 우리 국민들이 생각나는 건 왜일까? 부모들은 분명 아이들을 위한다고 한 것들인데

이런 글과 함께 그날 저녁 아이의 일기를 사진으로 올려주었다.

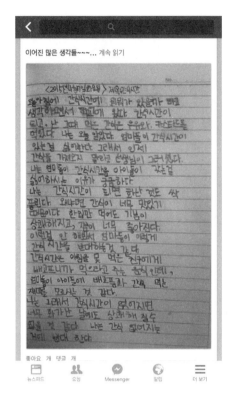

〈2015년 4월 7일 화요일〉
제목 : 간식시간

오늘 아침에 간식시간에 뭐 뭐가 있을까 하고 생각하면서 학교에 왔다. 간식시간이 되고, 난 그때 먹은 간식은 우유와 카스타드를 먹었다. 나는 오늘 알았다. 엄마들이 간식시간이 있는 걸 싫어한다. 그래서 인제 간식을 가져오지 말라고 선생님이 그러셨다. 나는 엄마들이 간식시간을 아이들이 갖는 걸 싫어하시는 이유가 궁금하다. 나는 간식시간이 되면 화난 것도 싹 풀린다. 왜냐면 간식이 너무 맛있기 때문이다. 한입만 먹어도 기분이 상쾌해지고, 기분이 너무 좋아진다. 이런 걸 안 해 봐서 엄마들이 이렇게 간식시간을 반대하는 것 같다. 간식시간은 아침을 못 먹은 친구에게 배고프니까 먹으라고 주는 음식인데, 엄마들이 아이들에 배고픔과 간식 먹는 재미를 모르시는 것 같다. 나는 그래서 간식시간이 없어지면 너무 화가 난 날에도 상쾌해질 수 없을 것 같다. 나는 간식 없어지는 거에 반대한다.

▶ 간식 급식 중단을 반대하는 아이의 일기 〈출처: 페이스북〉

내용으로 보아서는 아이들이 점심을 맛있게 많이 먹기를 바라는 부모의 의견은 합리적인 것처럼 보인다. 페이스북에서 처음 이 내용을 보았을 때 꼭꼭 눌러 쓴 3학년 아이의 야무진 글씨가 귀엽고 기특했다. 하지만 다시 읽어 보면 간식은 아이들이 먹는데 아이들이 없는 자리에서 아이들의 마음은 절대로 알 길 없는 어른들끼리 만나서 한 결정이 안타까워진다.

병원에서의 회의시간도 이와 다르지 않다.

"곧 겨울 방학이 다가오는데 마케팅 기획으로 쓸만한 것 없나?"
"수험생 이벤트를 기획해 보는 건 어떨까요?"
"그래. 왜지??"
"작년에도 했고 다른 병원도 다 하기 때문입니다."
"그래? 또 다른 건?"
"크리스마스 시즌에 트리를 장식하고 코디네이터팀이 산타클로스 모자
를 쓰고 응대하면 어떨까요?"
"그래. 왜지?"
"작년에도 했고, 창고에 작년에 쓰던 물건이 있을 겁니다."
"아 그래. 뭐 새로운 건 없나??"
"........."

회의 중에 고객에 대한 공감은 어디에도 찾아 볼 수가 없다. 앞의 학
부모 회의와 비슷하다. 급식의 대상인 아이들이 참여하지 않을 뿐 아니
라 그들의 의견이나 생각도 고려하지 않았다. 마케팅 회의에서도 마찬
가지 마케팅의 대상인 고객에 대한 조사나 배려는 전혀 찾아 볼 수가
없다.

그런 생산적이지 못한 회의에 참가하다 보면 안타깝다. 결국 했던 대
로 결과가 나는 경우가 많고 그렇게 되어가는 데는 여러 이유가 있다.
리더의 입장에서는 투자 대비 산출의 문제이고 직원의 입장에서는 누

가 일을 하게 되느냐에 대한 이해관계가 있을 뿐 고객에 대한 공감은 찾기 힘들다.

급식회의에서도 아이들이 밥을 먹지 않는다라는 명분은 있었지만 오늘 학교에 가면 어떤 간식을 먹을 수 있을까 기대하는 아이의 마음은 전혀 고려되지 않고 밥도 주는데 부담스럽게 간식시간을 가져야 하는지에 대한 어른들의 논리만 반영되어 쉽게 결정되어 버렸다.

"한입만 먹어도 기분이 상쾌해지고, 기분이 너무 좋아진다. 이런 걸 안 해봐서 엄마들이 이렇게 간식 시간을 반대하는 것 같다."

이상하다. 엄마들도 3학년일 때가 있었고 마케팅 담당자들도 때로는 고객의 입장으로 돌아가 병원에도 가고 쇼핑도 하고 할 텐데, 이상하게 직장으로 돌아오면 그 순간을 까맣게 잊고 모든 것이 일로만 보인다.

📍 공감은 어려워

아래 두 그림은 어디가 다를까?

〈그림 1〉

〈그림 2〉

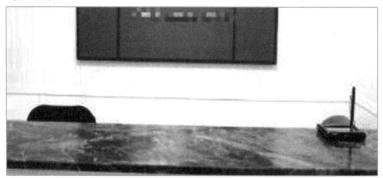

답 : 키패드의 위치

사진을 찍게 된 경위는 이렇다. 결혼과 함께 청주에서 서울로 이주를 해 입사한 직원이 있었다. 평소 손끝이 야무지고 정리정돈이 생활화되어 있어 입사하자마자 여기저기 오랫동안 방치되어 있던 비품을 정리하는 모습이 다른 직원들에게 본보기가 될 것 같아 응원해 주었다. 진료실은 물론, 데스크의 오래된 먼지를 닦고 복잡한 전선들을 정리하고 좋았다. 그런데 마지막에 키패드의 위치를 바꾸어 놓았다. 결제를 받는 직원의 입장에서 오른쪽으로 바꾸어 놓은 것이다. 싱거운 이야기일 수도 있지만 그런 이성과 합리성이 고객에 대한 공감을 방해하고 있다는 생각을 하게 되었다.

우리는 친절이라는 명분 아래 어쩌면 고객에게 지울 수 없는 고통의 시간을 선사했는지도 모른다.

처음 온 고객에게는 진료접수증을 받도록 한다. 간단한 인적사항과 병원에 방문하게 된 경위와 혹시 진행될지도 모르는 진단과 치료과정에 대비해서 과거병력을 적도록 되어 있다.

> 이름 주민번호 연락처 흡연여부 간염/심장병/고혈압 등등 과거 병력을 묻고 있는 코디네이터의 뒷모습이 흡사 범인을 취조하는 형사 같아 보일 때가 있다. 어머니와 같이 온 딸에게 흡연 여부를 크게 물어보고, 결혼 전 여성에게 임신여부를 물어본다.

코디네이터는 모른다. 자신은 단지 자신의 본분에 충실하고 있다고 여길 뿐 고객에게 어떤 상처를 주고 있는지 알지 못한다. 코디네이터가 고객에게 다가가 친절하게 진료접수를 도울 수 있으면 좋을 것 같다.

📍 입장 바꿔 생각하라

비단, 병원 내부에서만 이런 실수를 하고 있는 것일까? 사람의 마음을 캐는 사람 ㈜다음소프트 부사장 송길영의 『상상하지 말라』에 보면 여성 갱년기에 대한 잘못된 해석에 대해 이야기하고 있다.

제삼자의 눈에는 갱년기 때문에 힘들고 우울해하는 모습만 보이지만, 갱년기 증상을 실제로 겪는 그녀들은 이러한 증상에 굴하지 않고 주체적으로 자신의 삶을 살고자 하는 의지가 있다. '내 건강은 내가 챙긴다'는 마인드도 강해지고 있다.

그녀들이 쓰는 말에서 '버틴다'는 표현이 줄어드는 데서 단적으로 엿볼 수 있다. 2001년만 해도 갱년기를 '버틴다'고 하는 표현이 전체 갱년기 관련 발화의 28%였지만 2014년 중반에는 19%까지 떨어졌다. 그 간극을 메우는 표현은 '챙기다'로, 내 몸을 스스로 관리하고자 하는 중년여성이 늘어나고 있음을 의미한다. 생활 전반이 가족 중심에서 개인 중심으로 변화하면서, 건강 또한 스스로 관리하고자 하는 중년여성이 늘어나고 있는 것으로 해석된다. 예전에는 계절 바뀔 때마다 가족들 보양식을 해 먹이며 본인의 건강은 가족이 챙겨주기 전까지 나 몰라라 하던 엄마들이 이제는 운동을 하거나 취미생활을 하고, 몸에 좋은 음식과 보조제를 챙기기 시작한 것이다. 실제로 소셜 미디어에 올라온 글을 보면 '나는 이제 홀가분하다', '내 삶은 내가 챙긴다', '지금의 불편함은 약으로 해결하고 친구들과 즐거운 시간을 보내겠다'는 내용이 보이기 시작한다. 조금씩 생각이 바뀌고 있는 것이다.

그녀들의 생각이 이렇게 변화하고 있다면, 그녀가 바라보는 사람들의 마인드도 함께 바뀌면 좋지 않을까. 갱년기만 바라봤을 때는 힘들고 어두운 시기이지만, 한 사람의 생애 전체를 보았을 때는 지나가는 한때이고, 앞으로 더 자유롭고 활기찬 자신을 그려볼 수 있는 전환기다. 지금 겪은 증상은 힘들고 우울하지만 앞으로 다가올 60대의 삶을 동경하고 자유를 꿈꾸며, 엄마의 역할에서 벗어나 본연의 자신을 되찾고 새로운 출발에 희망을 품기도 한다. 갱년기의 한자를 보면 '다시 갱 更'에 해 년 年'이다. 월경을 할 때는 여자로 살다가 월경이 끝나면 다시 원래의 자신으로 돌아온다는 주옥 같은 뜻 아니겠는가.

이들에게 갱년기 호르몬제를 팔려는 회사라면 여성, 중년, 가족이라는 틀에 그녀들을 가두지 말고 갱년기의 본래 의미인 '다시 새로워지는 시기'로 관점을 재정립하고 우울, 슬픔, 상실이 아닌 시작, 활력, 자유의 자원에서 갱년기를 대하도록 캠페인을 하는 것도 가능할 것이다.

병원은 고객이 스스로의 신체적 정신적 불편을 호소하고 도움을 받아 불편을 해소하기 위해 찾는 곳이다. 그래서 영화나 드라마를 보면 본인이 불편하고 아픈 것을 숨기고 병원을 찾는 사람들의 이야기가 많이 나온다.

지하철역 성형외과 광고를 볼까? 창의성이라고는 찾아 보기 어렵고 "너 못생겼지? 우리 병원으로 오면 내가 이만큼 예쁘게 만들어 줄게."라는 광고만이 병원만 다를 뿐 비슷비슷하게 붙어 있다. 그러면 고객은 일단 스스로 못생겼다는 것을 인정하는 시간을 가져야 한다. 평소에 스스로의 외모에 불평과 불만이 없는 사람은 없겠지만, 지하철 광고판을 보고 성형외과를 찾는 경우가 드문 이유가 거기에 있다. 평소에 병원간판과 광고문구를 유심히 보는 편이지만 '와우!!'하고 눈을 사로잡는 병원광고를 찾아보기 어렵다. 오히려 고객에게 불편감을 주는 광고를 더 쉽게 찾아 볼 수 있다.

'저출산과 노령화'는 국제적인 이슈이다. 그래서 병원에서도 장년층과 노년층을 겨냥한 광고와 프로모션을 진행한다. '안티에이징 노인임플란트 노안라식 실버클리닉 골드클라스' 등의 용어를 사용하는 것 자체를 불쾌해 하는 어르신(어르신이라는 단어도 주의해야 한다)이 늘어나고 있다.

📍 몇 살부터 노인인가?

몇 살부터 노인인가?

출처: 이코노믹 리뷰

노인이나 실버 세대 등은 '나이가 들어 늙은 사람'을 가리키는 말이다. 노인이라는 말에는 육체적으로 힘이 없어 느리고, 정신적으로 세대 차이가 나고, 사회적으로 더는 일하기 어려워 부양을 받아야 하는 사람들이라는 인식이 들어 있다. 하지만 요즘에는 손자 손녀를 둔 젊은 할아버지, 할머니도 많다. 프랑스 소설가 시도니 가브리엘 콜레트(Sidonie-Gabrielle Colette)는 "늙어 갈 때 문제가 되는 건 여전히 젊다는 것"이라고 하였다. 어느 영화에서는 이런 말이 나온다. "너희 젊음이 노력으로 얻는 상이 아니듯, 내 늙음도 내 잘못으로 받은 벌이 아니다." 100세 시대, 고령 사회에 대한 대비가 물질적 제도적 차원에서뿐만 아니라 의식적 차원에서도 이루어져야 할 것이다.

노인은 몇 세부터인가? 보통 65세 이상부터 노인이라고 한다. 그런데 노인 기준 연령인 65세는 1950년대 중반에 정해졌다. 당시 우리나라의 평균수명은 50세 중반이었고, 65세 이상 인구는 전체 인구의 2% 내외였다. 60여 년이 지난 2014년 우리나라의 기대 수명은 81.3세, 65세 이상 인구는 11.8%(2012년 기준)이다. 2010년 인구총조사 자료에 의하면 전체 인구의 2%는 75~80세 사이이다. 따라서 고령화 사회, 초고령 사회라는 말로 겁낼 것이 아니라 과연 노인을 65세 이상이라고 규정하고 노인 취급을 하는 것이 옳은지부터 고민해야 할 것이다. 물론 노인 기준 연령을 높여 노인으로서 받는 제도적 혜택을 줄이자는 것은 아니다. 다만 인구학적으로 노인의 기준 연령을 재정립할 필요가 있다는 것이다.

지역보건 사업과 연계해 복지관이나 경로당에 방문해 보면 사회의 변화를 바로 체감할 수 있다. 70세 이하의 어르신은 그곳에서 '막둥이'가 된다. 그래서 잔심부름이나 다른 어른들을 돕는 건 그분들의 몫이 된다. 병원마케팅을 진행하는 20~30대 디자이너들은 공감하기 어려운 상황이다. 인구변화에 대한 이해는 결혼이나 출산이 늦어지는 것에서도 찾을 수 있다. 편하게 30~40대 고객을 대하던 대명사 '어머님, 아버님'이라는 단어를 함부로 사용해서도 안 된다. '어르신 갱년기 노처녀 못생긴 사람' 어느 하나 스스로를 인정하고 싶지 않다. 그런데 그들을 향해 어서 빨리 스스로의 '나이와 외모와 사회적 위치'를 인정하고 우리 병원으로 오라는 메시지를 보낸다. 결과는 어떻게 될까?

마케팅과 광고를 한다고 하는데 효과가 없는 이유는
어쩌면 분명한데 알아차리고 있지 못하고 있을 뿐이다.

공감, 어떻게 잘 할 수 있을까?

가장 먼저 고객을 사람 자체로 한번 바라보는 것이다. 또는 병원을 가야 하거나, 차를 새로 살 때 등 순수하게 고객의 입장이 되었을 때 어떤 기분이었는지 기억해 보자.

다음 사진의 공통점은 무엇일까?

▶ 〈출처: 페이스북 인사이트페이지〉

　"주인이 '병원가자'라고 했을 때의 견공들의 반응"이라는 제목으로
SNS에 올라 온 사진이다. 처음 사진을 보았을 때 웃음을 참을 수가 없
었다. 개의 종류와 크기와는 상관없이 표정만으로도 그들이 어떤 감정
을 표현했는지 한눈에 알 수 있었다. "병원가자"는 말을 들었을 때의 어
린이들의 반응도 별반 다르지 않다. 또 병원을 찾아야 하는 '어른사람'
들의 감정도 비슷하다. 감기에 걸린 어린아이를 데리고 내과에라도 가
려고 하면 엄마는 진땀을 뺀다. '어른사람'이 스스로의 필요에 의해 선
택한 성형외과나 피부과를 찾는다고 해도 어린이와는 다른 걱정과 불
안을 경험하게 된다.

　그만큼 '병원'이라는 단어는 남녀노소뿐만 아니라 사람과 동물을 불
문하고 두려움과 걱정의 대상이 되는 모양이다. 건강한 사람이 정기검
진 차원에서 병원을 방문한다고 해도 결과에 대한 두려움에 가벼운 마
음만으로는 찾을 수 없는 곳이 병원이다. 병원을 찾는 고객과 공감하
기 위해서 자주 쓰는 방법은 질문을 자주 하는 것이다.

⊕ 동상이몽

동상이몽은 같은 자리에서 자면서 다른 꿈을 꾼다는 뜻이다. 병원에서 고객과 같은 상황, 같은 단어를 바라보고 있으면서도 다르게 해석을 하고 있음을 분명하게 알 수 있다.

#1

"예전에 치료한 것을 보상해 준다고 했잖아! 그래서 전라도에서 올라왔는데 이제 와서 안 된다고 하면 어떻게 해??"
"제가 언제 보상해 드린다고 했습니까? 치료내용에는 일정기간 보증기간이 있으니 오셔서 확인해 보라고 말씀 드렸습니다."
"보증 받아서 다시 치료한다면 내가 여기를 왜 다니나? 너무 멀어서 보상받아서 가까운 데서 치료하고 싶다고!!"
"그건 운영방침상 불가능합니다."

#2

"○○병원이 그렇게 나빠?"
"○○병원을 이용하는 고객 입장에서는 좋은 점도 있고 안 좋은 점도 있죠"
"좋은 점만 있던데, 안 좋다고 TV에서는 방송 때리지만, 치료비도 저렴하고 직원들도 엄청 친절해."
"직원들을 친절하게 하려다 보니, 성과로만 직원을 평가하다가 생기는 부작용들이 있어요."
"그래도 고객입장에서는 나쁠 게 없지. 저렴하고 친절하고."
"치료를 잘했는지는 지금 나타나지 않고 2,3년 지나봐야 알 수 있어요."

병원에 대한 시사프로그램이 방영되면 질문을 해오는 지인들이 있다. 때론 일부러 지인들에게 프로그램을 본 느낌을 물어보기도 한다. 그러

면 같은 프로그램을 보고도 다른 생각과 다른 느낌을 받고 있음을 확실하게 알 수 있다.

병원을 찾은 지인들에게 병원에 대해 어떻게 생각하는지도 물어본다. 직원들은 친절했는지, 치료를 받고 난 후에 기분은 어땠는지 등을 물어본다. 질문하고 답을 듣고 나면 같은 단어를 고객과 얼마나 다르게 이해하고 있는지를 알 수 있다. 실제로 대화를 나눠보면 동상이몽은 고객하고만 하고 있는 것이 아니라 진료실 직원과 마케팅 직원과도 차이가 있음을 알 수 있다.

병원	연관 단어	고객
"하나도 안 아프고 어떻게 좋아지길 바래?"	통증	"주사보다 네 말이 더 아프다고!"
"사람이 많은데 조금 기다릴 수도 있는 거 아니야?"	예약 시간	"의사 말고 내 시간도 중요하다고!"
"중요한 건 알지만⋯."	소독/위생	"병원이라면 기본적으로 지켜지는 것 아니야?"
"치료를 받았으면 약속된 치료비를 내야지."	치료비	"치료를 제대로 하고 치료비를 달라고 해야지."
"난 최선을 다했어."	치료 후	"치료를 잘 받은 건지 궁금해."

클레임이 있을 때마다 담당직원과 이야기해 보면 이와 같이 이야기를 한다. 클레임 고객과 지인들의 이야기를 종합해 보면 대략 이렇다. 고객

의 마음을 상상해서 마케팅을 기획하면 안 되는 이유가 여기에 있다.

'소셜데이터'를 들여다보면 고객이 병원을 어떻게 생각하는지 그 마음을 엿볼 수 있다.

고객을 공부하라

앞에서 언급한 『상상하지 말라』의 ㈜다음소프트 부사장 송길영은 "어설프게 상상하지 말고, 고객이 말하지 않은 진짜 욕망을 보라"고 한다.

과거에도 그랬으니 이번에도 그럴 거야.
다른 고객도 만족했으니 이번 고객도 만족할거야.
고객만족도 조사 결과가 98% 만족이 나왔으니 우리 병원은 문제없어.

긍정은 조직에 활력을 주고 어려움을 이겨내는 힘이 되기도 하지만 요즘과 같이 예측하기 어렵도록 빠르게 변화하는 환경에서는 조직을 위기에 빠트리는 주범이 되기도 한다. 고객을 제대로 공부하려면 위 내용을 질문으로 바꾸어 생각해 볼 수 있다.

세월이 이렇게 변한 만큼 다른 방법이 필요하지 않을까?
어떻게 하면 많은 고객의 만족을 이끌 수 있을까?
98%의 만족도 조사 결과는 어디까지 신뢰할 수 있을까?

고객만족도 조사가 높은 점수를 받는 경우는 몇 가지로 생각해 볼 수 있다.

- 병원에 대한 고객의 인식이 아주 나쁘지 않은 경우
- 담당자가 조사에 대해 순응할 것 같은 고객을 선별해 조사하는 경우
- 리서치 담당자가 고객에게 면대면으로 설문을 진행할 경우
- 고객만족도 조사를 하는 시점에 리서치 담당자가 친절한 경우
- 고객이 병원에 대해 잘 알지 못하는 경우

조사과정 중의 많은 변수가 작용해서 고객만족도 조사 결과가 나오기 때문에 그 결과만으로 우리 병원이 서비스활동이나 마케팅 활동을 잘하고 있다고 판단하기에는 이르다. 고객이 대기실에서 SNS로 친구들에게 병원에 대해 무엇이라고 말하는지, 치료가 끝나고 병원을 나서는 고객이 친구에게 전화를 걸어 첫마디를 무엇으로 시작하는지 유심하게 관찰하는 세심함이 필요하다.

아래 표는 '병원'이라는 탐색어와 연관된 단어를 블로그와 트위터에서 종합해 정리된 내용이다. 10개의 키워드 중 5개가 부정적인 내용이다. 그만큼 병원을 향하는 고객의 발걸음은 무겁기만 하다.

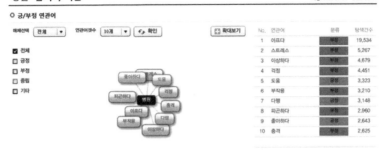

어떻게 하면 발걸음을
가볍게 해 줄 수 있을까?

고객이 병원에 대해 생각하는 것은 '아프다, 스트레스, 걱정'이다. 그렇다면 마케팅 활동도 이런 부정적인 요소를 해결할 수 있는 쪽으로 방향을 설정한다면 광고와 마케팅 기획은 성공적이 되지 않을까?

고객은 집에서 병원으로 나서기 전까지 아니 진료를 받거나 치료가 완료될 때까지 걱정의 연속이다. 고객의 발걸음을 무겁게 하는 걱정거리에는 무엇이 있을까?

통증 – 고객이 병원을 찾는 첫 번째 이유는 통증이다. 통증을 해소하기 위해 병원을 방문하지만 아플까 봐 걱정하면서 병원을 찾는다. 그래서 환자는 덜 아플 것 같은 병원을 찾는다. 이때 사용하는 단어가 "통증감소" "무통마취" "수면마취" "레이저를 이용한 시술" "최소 절개" 등의 키워드가 된다.

하나도 안 아프게 할 수 없다면, 한번에 치료해 통증을 최소화하는 방법을 택하기도 한다. "1 day", "하루에 완성" 등의 콘셉트를 활용하기도 한다. 때로는 수술 없이 시술이나 약물로 치료가 가능한 방법을 제시해 고객의 통증에 대한 걱정을 덜어주는 방법을 사용하기도 한다.

치료비 – 고객은 치료를 받으면 치료비를 내야 한다는 것도 알고 있고, 의료보험을 적용 받는다고 해도 치료비가 만만치 않은 것도 알고 있기 때문에 병원에 가기 전에 치료비 걱정을 한다. 진료비 할인이나 분납과 관련한 이벤트가 SNS로 공지되면 댓글이 많이 달리는 이유도 그래서이다. 동시에 고객은 혹시 치료비가 저렴하면 치료의 질이 낮아지지 않을까 걱정을 한다. 치료비와 치료의 질의 상관관계에 대한 질문을 종종 받기도 한다.

진단결과 – 건강검진을 받기 전에 갈등을 하게 된다. 큰돈 들여 검진을 받았는데, 병이 있다고 하면 어떡하지? 건강하다고 하면 검진비용 아까워서 어떡하지?

누구나 하는 고민 말고도 실제 통증이나 증상이 있어 치료받기 위해 병원행을 결심한 고객도 진단결과에 대해 걱정이 된다. 진단결과에 따라서 치료기간과 치료비용 등이 달라지기도 하고 자신의 상태에 대해 정확한 정보와 대안을 찾고 싶다. 의료진의 경력과 이력, 의료진의 전문지식, 학술활동, 첨단장비를 활용한 진단 과정 등이 광고 기획에 활용이 된다.

고객은 병원을 결정하기 전에 '오만가지 생각'을 하게 된다. 마케팅과 병원광고의 기획은 이러한 고객의 마음을 공감하고 해결책을 제안하고 함께 해결해 나가는 과정이다.

🏥 고객을 위한 공감

"병원에 최첨단 의료기기를 도입합니다."
"최신 장비를 활용해 진단을 합니다."
"○○병원 우수기관 인증"

이런 광고활동은 병원이 사실을 전달하는 과정이다. 사실을 전달하는 방식은 뉴스나 신문에서 기사를 작성하는 주요 형식이다. 진단 설명이나 상담과정에 고객의 언어를 사용해야 하는 이유는 사실을 전달하는 형식은 고객이 이해하기 어렵기 때문이다. 이해가 안 되면 기억하기도 어렵다. 특별하게 호감을 가지지 않더라도 고객의 기억에 저장되지 않은 정보는 고객이 나중에 다시 아프고 불편한 상황이 되더라도 우리 병원을 떠올리지 못한다는 말이 된다.

고객에게는 조금 더 자세하고 친절하게 설명해야 한다. 또 그 내용은 의료체계전달과정과 그를 통해 고객이 받을 이득에 대한 것이어야 한다. 그렇지 않고 자랑하듯이 병원에 대해 사실만 나열하게 되면 고객은 쉽게 이해하지 못한다. 고객은 '그래서 그게 나에게 무엇이 좋은데?'라는 반문을 한다.

첨단장비를 도입하는 것은 큰 투자가 필요하지만, 장비를 도입하겠다는 의사결정이 이루어지고 나면 도입과정은 상대적으로 빠르다.

일반적으로 장비에 대한 홈페이지 안내와 바이럴 홍보가 이어지고, 장비회사에서 제공하는 이미지와 배너를 활용해 광고를 하게 된다.

내가 운동하고 있는 헬스클럽의 2층에는 치과가 있다. 운동을 마치고는 계단을 이용해 내려오는데 계단에는 2개의 배너가 세워져 있다.

하나는 치과용 CT 기계 홍보배너이고, 하나는 안전한 치과재료에 대한 홍보내용이다. 치과 앞을 지나는 고객이 배너의 내용을 잘 알까? 의문이다.

장비가 병원에 설치되고 운영이 준비되는 동안 내부에서는 새로운 장비에 대해 구성원의 장비에 대한 숙련교육이 이루어져야 하고, 외부로는 기계장비가 있음으로써 고객의 어떤 걱정이 해소되는지 꾸준하고 꼼꼼하게 선전해야 한다. 장비를 도입하는 것만으로 전문성을 검증 받기는 어렵다. 장비를 능숙하게 활용하는 기술이 고객에게 가치를 전달하는 행위이고, 그 과정을 치밀하게 알리는 것이 마케팅 담당직원이 해야 할 일이다.

치과에서 레이저 장비를 도입하는 것이 트렌드였던 시절이 있었다. 치과용 레이저를 활용해 효과적인 의료전달체계를 구축한 병원이 있는 반면에 여러 가지 이유에서 고가의 장비를 충분하게 활용하지 못하는 경우도 발생하게 된다.

장비는 씨앗이다.

도입된 장비의 씨앗을 병원의 열매로 만들어가는 과정을 마케팅 담당자와 직원, 리더가 함께해야 한다. 왜냐하면 고객은 씨앗을 보고는 이것이 스스로에게 어떤 열매가 되어 돌아오는지 알지 못하기 때문이다.

📍 별걸 다 기억하는 고객

내시경을 받아 본지 오래 됐지만, 요즘은 내시경을 받으면 식사를 준비해 주는 병원이 늘고 있는 모양이다.

내시경을 받을 때 8시간 정도를 금식한 기억이 있다. 보통 일에 열중하거나 바쁘면 저녁 한끼를 굶는 것은 쉽지만, 내시경을 받으려고 굶기 위해 굶으려면 그 시간이 그렇게 길게 느껴질 수가 없다. 내일 아침 날이 밝자마자 내시경을 받고 점심으로 뭘 먹을지 머리 속에 그려본다.

그렇게 마음 먹고 내시경을 마치고 나온 내게 먹을 것을 준다면 어떨까?

위내시경 검사하고 나오니 식사하고 가시라며 주방으로
데려가는데.. 오랫만에 병원에 와서 그런건지..조금 당황
스럽네요ㅆ;

▶ 〈출처: 페이스북〉

'오만가지 걱정'을 하면서 병원에 들어선 고객은 치료를 받고 나서는 '더 걱정스러워지거나, 걱정을 한시름 덜거나' 두 가지의 선택을 하게 된다.

병원을 다녀온 사람들에게 어떤 점이 좋았는지 물으면, 가장 먼저 본인이 생각한 문제가 해결이 되었는지 여부를 이야기한다. 그 다음에는 병원사람들이 본인에게 얼마나 친절했는지, 장년층 이상에서는 시설이 얼마나 크고 다양한지에 대한 이야기를 한다. 불만족한 고객은 병원이 어수선하고 본인에게 집중해 주지 않았음을 가장 먼저 불만사항으로 말한다.

좋을 때

나와 나의 불편을 알아봐주고 해결해 주었다.
생각보다 병원 내부는 더 넓고 사람들이 많았다.
접수 아가씨가 친절했다.
원장님이 말씀도 잘하고 잘 생겼다.
나를 조심스럽게 살펴주어 편했다.

안 좋을 때

어수선하고 나를 반겨주지 않았다.
나와 나의 불편을 가볍게 여겼다.
원장은 잠깐 보고 상담실장이 말을 많이 했다.
썰렁하고 불친절하게 대해서 불편했다.

전문성 등을 꼼꼼하게 따져보고 주변에 탐문하고 지식인에 물어보고 까다롭게 선택한 병원에 대해 계속 이용할 것인지를 결정하는 요인은 의외로 간단하다.

나이에 따라 좀 차이가 나지만 장년층 이상에서는 병원에 진료비 할인이벤트를 통해 내원했거나, 상담과정에서 일정부분의 진료비 배려를 받은 경우, 당신이 조금만 서운한 기분을 느껴도 그건 자신이 진료비 할인을 받아서라고 연관 지어 생각을 한다. 그래서 더 서운해하고 노여움을 가지게 되는 경우를 볼 수 있다.

본인이 받은 의료서비스의 가치를 병원종사자들이 예측하지 못하는 사소한 것에서 찾고 기억한다. 그래서 위에 본 사진처럼 치료 과정에 대한 느낌보다는 내시경을 끝내고 배고픈 나를 얼마나 배려했는지를 기억하고 싶어서 사진을 찍어 SNS에 남긴다.

고객들과 엘리베이터를 함께 타보면 우연한 기회에 고객의 마음을 알수 있게 될 때가 있다.

> "병원에 친구랑 같이 와서 커피 마시며 이야기도 하고 치료도 받을 수 있어서 좋았는데, 이번에는 글쎄 치료받으러 온 사람이 아니면 음료를 줄 수 없다고 했나 봐, 기다리던 친구가 무안했던 모양이더라구."
> "치료받는 사람이랑 같이 왔다고 했는데도 그렇게 한 거야??"
> "응."

고객과 보호자에게 제공되던 음료서비스에 그런 불만이 있어 확인하기 위해 카페를 방문했는데, 카페에서 받던 '음료주문서'가 데스크로와 있었다. 담당 코디네이터에게 확인해 보니 병원을 방문하지 않은 다른 고객들이 카페를 이용해서 부득이하게 주문서를 옮겼다고 했다. 병원 고객인지는 어떻게 확인하는지 물었더니, 접수와 안내를 담당하는 직원이 고객의 얼굴을 기억하고 있기 때문에 알 수 있다고 했다.

직원과 합의를 거쳐 병원을 위해 한 결정이지만, 마케팅 활동을 현재 고객뿐 아니라 잠재고객에게 대한 배려까지로 생각해 주었더라면 하는 아쉬움이 남았다.

⊕ 공감 코칭

우연한 기회에 공감에 대해 다시 생각해 보게 되었다. 8살 된 조카가 있다. 엄마를 '오바쟁이'라고 불렀다. 왜 엄마가 '오바쟁이야?'하고 물으니 자기는 안 졸린 데 자라고 하고, 쉬도 안 마려운데 화장실에 가라고 해서 '오바쟁이'라고 했다. 딸의 일거수일투족을 관찰해 아이의 표정만 보아도 아이가 필요로 하는 게 무엇인지 아는 엄마들도 가끔은 실수를 한다. 또 8살씩이나 된 아이는 어느새 자신의 뜻대로 하고 싶은 것이 생긴다.

❶ 질문하기

오랜 세월 한 가지 일을 해 온 사람은 직감이 발달하게 된다. 상대의 표정이나 발걸음만 보아도 어디가 아픈지, 성격은 어떤지 직감적으로 알 수 있게 되는 것이다. 병원에서 오래 상담이나 마케팅을 전담하다 보면 그런 것을 알게 된다. 앞에 이야기한 딸에 대해 안다고 생각하는 엄마처럼 말이다. 그녀에게 내린 처방은 '질문하라'이다.

고객의 감정을 알 수 있을 것 같다고 해도 한번 더 질문하는 것이다.

'정말 이 정도로 진료비를 배려해 드리면 믿고 치료 받으시겠어요?'
'저희 병원을 찾는 데 불편함은 없으셨어요?'
'다른 병원에서 옮기게 된 이유라도 있으세요?'
'저희 병원을 이용하지 않는 이유는 무엇이신가요?'
'저희 병원의 광고를 보신 느낌은 어떠셨어요?'
'원장님 사진을 이렇게 수정해 보았는데 어떠세요?'

한 가지를 오래 한 사람일수록 질문이 줄어든다. 때로는 병원에서 일하는 사람은 솔루션을 제공해야 하는 사람이라고 생각해서 질문이 줄어든다.

질문을 하면 장점이 많다. 상대의 마음을 이해할 수 있다. 새로운 사실과 정보를 알 수 있게 된다. 질문을 하면서 일의 결과에 대한 책임감을 나눠서 가질 수 있게 된다.

광고 시안이나 포스터 작업을 끝내고 다양한 사람들에게 질문한다. 그중에서 가장 진지하게 들어야 하는 답은 입사한지 얼마 안 되는 직원의 대답이다. 가장 최근까지 고객과 가장 비슷한 감정을 느끼고 있는 사람의 말이기 때문에 신중하게 듣고 계획에 반영한다.

질문의 단점도 있다. 워낙 질문이 적은 조직에서 일하다 보면 대답과 결정이 늦어지는 경우가 있는데, 따끈한 기획이 유통기한을 지나버리는 일이 발생하기도 한다. 가끔 질문을 한다고 했는데, 분위기가 이상하다고 하는 사람이 있다. 이런 경우는 질문 속에 이미 본인의 생각을 담고 있기 때문에 역효과를 불러 올 수 있다. 고집스러운 사람은 자신이 원하는 대답이 나올 때까지 같은 질문은 한다. 질문은 내가 하지만 답은 고객이 하는 것인데도 불구하고 "A보다 B가 좋지 않으세요?"라고 반복하다 보면 잘못된 동의를 얻는다. "예. 그런 것도 같네요."라는 답을 듣고 좋아하지 말자. 상대의 역성을 듣는다. "아니 아니라는데, 이럴 거면서 왜 물어봐!"하며 화를 낸다.

❷ 관찰하기

여기서 말하는 관찰은 고객 개인을 세심하게 관찰하는 것을 의미한다. 병원에서 오랜 기간 고객을 관찰하며 생긴 직관과 연륜을 넘어서 고객 한 사람 한 사람을 관찰해 개별적인 욕구를 찾아내는 것이다.

누구나 다 좋아하는 제품이나 서비스 마케팅 활동은 이제 없다. 오랜 경험이 있다는 것은 모든 것을 아는 것이 아니라 맞는 것과 맞지 않는 것을 빠르게 판단할 수 있고 대안을 제시할 수 있다는 것을 의미한다.

고객의 입장에서 관찰하는 습관을 들여야 한다. 나는 매일 같은 길로 출근하다 보니 병원 입구와 엘리베이터를 습관적으로 찾을 수 있다.

면접을 보러 처음 병원을 찾은 지원자에게 물어본다.
"병원 찾는 데 어려움은 없었어요?"
"차를 가져오셨나요? 주차장이 좁죠?"

택시기사님께 이야기한다.
"○○병원으로 가주세요."
"거기가 어디죠?"
"○○역 사거리 말씀입니다."

"아~~ 거기 그렇게 다녔어도 병원이 있는 줄은 몰랐네요."

버스 음성광고를 하고는 외부업무를 볼 때 일부러 버스를 타고 이동하기도 한다. 광고가 잘 나가고 있는지, 광고가 나갈 때 사람들은 어떤 반응을 보이는지를 관찰한다.

배우 차태현은 본인의 영화를 시사회장이 아닌 일반 상영관에서도 본다고 한다. 제작과정에서 감독이나 배우, 스텝이 재미있다고 생각한 부분에서는 웃지 않고 뜻밖의 곳에서 관객들이 빵 터지는 경우가 많다고 한다. TV에 출연한 '김밥의 달인'이 손님이 떠난 자리를 정리하면서 손님이 남긴 음식을 먹는 장면을 보고 충격을 받은 적이 있다. 어느 날 손님이 "너무 맛이 없어서 못 먹겠다."며 화를 내고 식당을 나가 그때부터 자극을 받아 손님이 남긴 음식을 먹기 시작했다고 한다.

이번 광고활동이나 판촉활동이 왜 고객에게 '외면' 당했는지 관찰하라. 마케팅 담당직원에게 진료대기실에 가서 3시간 동안 고객의 입장으로 앉아 있으라고 했다. 싫다고 했다. 그래서 그럼 30분이라도 앉아 있어보라고 했다. 관찰한 내용을 이야기를 나누었다.

"대기실에서 대부분 핸드폰을 보고 있었어요. 그래서 DID나 브로슈어는 잘 보는 것 같지 않더라구요."
"기분이 어땠어?"
"좀 자존심이 상했어요. 내가 만들고 진행한 것에 사람들이 관심을 주지 않는 걸 보니."
"고객의 입장에서 보면 어땠을까?"

"……."

"고객의 입장에서 보기로 했잖아."

"마땅하게 눈길을 끄는 것이 없다고 생각할 것 같아요."

"병원직원들은 어땠어?"

"무척 바빠 보였어요. 특히 이번에 입사하신 선생님들은 계속 뛰어 다녔어요."

"좋은 경험했네."

❸ 생각과 감정을 구분하는 법

"성형외과 담당의사 수전증이 느껴질 때"

지하철역사에서 병원홍보를 대행해 주는 사이트의 광고문구를 보았다. 병원마케팅 형식이 다양해진 것은 새로웠지만 카피가 아찔하고 아쉬웠다. 성형외과를 방문하는 고객이 고민하고 걱정하는 부분을 공감한 것 같지만 비교광고를 하고 있다. 성형외과를 방문하려고 계획 중인 사람이 광고를 어떻게 느낄지 생각하면 아찔했다. 그리고 병원홍보를 대행해 주는 회사의 주 고객은 병원인데 사이트를 홍보하는 것에 집중해 결국 사이트를 이용하게 될 병원들의 공분을 사지는 않을까 해서 아쉬웠다.

여기서 '아찔했다'와 '아쉬웠다'는 개인적인 감정이고 나머지는 다 사실과 생각이다. 사실과 생각을 이야기하는 데는 뛰어난 능력이 있지만, 정작 기분이 어떤지 물으면 "어떻긴 어때 나쁘지."라고 이야기 한다. 고객의 마음을 훔치기 위해서는 고객의 기분과 감정을 공감해야 한다. 그러기 위해서는 나의 기분과 감정을 먼저 알아야 한다.

강의나 세미나를 진행할 때는 두 가지의 룰을 정한다.

1) 생각나는 질문은 바로 하기
2) 생각과 기분을 같이 말하기

강의 중간에 질문이 나오면 나도 바로 질문을 한다.
"질문을 하고 난 후 기분이 어떠세요?"
"예??"
처음에는 어리둥절해 한다.
"답답했는데, 시원합니다."
금방 적응하는 수강생도 있고 늦게 적응하는 수강생도 있다.

이제 고객은 물건을 파는 것이 아니라 자신의 마음을 알아주고 자신
도 발견하지 못한 본인의 필요와 감정을 읽어주어야 병원에 조금 관심
을 보인다.

고객의 가슴에 콕하고 꽂히는 마케팅 기획을 하기 위해서는 생각과
감정을 구분할 줄 알아야 한다. 고객에게 공감능력을 사용하기 전에 먼
저 나의 생각과 감정을 분리하고 잘 표현할 수 있는 훈련이 필요하다.

병원마케팅을 기획하는 데 공감훈련이 필요할까?
스스로의 감정과 기분을 표현할 수 있는 단어를 생각해보자.
처음 생각과 감정을 분리해 생각해 본 기분은 어떤가?

감정훈련을 받다 보면 화를 내거나 우는 사람들이 있다. 감정이나 기
분을 알아내라고 하는데, 어떻게 매번 기분이 달라질 수 있는지 궁금

해 한다. 또 화를 내는 사람은 우는 사람을 이해하지 못한다. '아니 안 하면 그만이지 울긴 왜 울어.'하고 우는 사람을 불편해 한다.

나의 기분을 깊이 들여다보게 되면 고객의 마음이 보이기 시작한다. '나는 재미있다고 생각했는데 고객은 불쾌하게 생각할 수 있겠구나.'를 알게 된다. 병원마케팅을 기획하는 사람의 고객에 대한 깊이 있는 공감은 고객이 병원에 대한 이해와 공감을 하는 것으로 이어진다. 그렇지 않고 '내가 먹어봤는데 맛있으니 너도 먹어라.'라는 근거 없는 이야기에 고객은 호응하지 않는다.

공감하기가 어려운 것은 생각이고 그래서 짜증나는 것이 기분이다. 생각은 이성이고, 기분이나 감정은 감성이다. 평소에도 상대의 이야기에서 사실과 감정을 분리해 생각하는 습관을 들이면 좋다.

🏥 공감, 마케팅 활동의 근거로 활용하라

마케팅 활동을 기획하는 근거는 단연 고객이 되어야 한다. 어떤 제품을 만드는가가 중요하던 시대는 지났다. 병원에서 제공하는 의료서비스에 한계가 있어 마케팅 활동을 하기가 어렵다고 구실을 찾을 것이 아니라 고객의 마음속으로 들어가 보자.

고객을 공감하는 능력은 마케팅 기획의 확실한 근거가 되며, IT 기술이 대신할 수 없는 마케터의 확실한 차별화 영역이 된다. 고객과 공감하지 못한 제품이나 서비스는 철저하게 고객의 외면을 받게 된다.

고객은 진료에 대해 자세하게 설명해 만든 백과사전 두께의 진료설명서를 읽지 않는다. 자기가 처한 불편과 고통에 대해 가장 쉽고 빠른 방법으로 알고 싶다. 백과사전을 만들어 대기실에 비치하고 하루 동안은 뿌듯하고 기쁠 수 있지만 백과사전을 찾는 고객이 없으면 우울함에 빠진다.

고객을 공감하면 찾아주고, 찾아주면 고맙고 힘이 난다. 그렇게 되면 더 즐겁게 일할 수 있다. 잘 되야 신이 나고 더 열심히 할 수 있는 원동력이 된다. 다음 장의 주제 '즐기다'는 공감과 많은 부분 맞닿아 있다.

"

소비자를
놀게 하라.

— 김홍탁(제일기획 크리에이티브 마스터) —

"

Part III

즐기다
Enjoy

병원은 즐거우면 안 되나?

▶ 영화 「패치 아담스」

소아암 환자를 재미있게 해 주려고, 라텍스 장갑을 부풀려 머리에 쓰고 닭 흉내를 내는 의사가 있다. 시한부를 선고 받은 할머니의 소원을 들어주기 위해 스파게티 면으로 풀장을 만들어 함께 뛰어들어 놀기도 하고, 환자가 보이는 습관을 환자가 민망하지 않도록 따라 하기도 한다. 환자를 위해 광대를 자처한 의사 '헌터 캠벨 아담스'의 실화를 그린 영화 「패치 아담스」의 이야기이다. 「패치 아담스」를 볼 때만 해도 나는 온전하게 고객의 입장이었다. 저런 의사가 있는 곳이라면 아파도 덜 아플 수 있다고 생각하며 본 기억이 있다.

병원 일을 시작하고 진료를 보거나 상담 또는 마케팅을 기획할 때, 고객을 기쁘게 해줄 수 있는 일이 뭐가 있을까를 고민할 때면 「패치 아담스」가 생각난다.

즐거움으로 성공한 기업으로 가장 먼저 사우스웨스트항공을 꼽을 수 있다. 사우스웨스트항공은 911 테러 후 모든 항공사가 적자로 고전을 면하지 못했을 때도 흑자를 기록했을 뿐 아니라, 낮은 직원 이직률과 안전한 항공사로 평가받고 있다. 사우스웨스트항공의 성공 뒤에는 CEO인 허브 캘러허의 남다른 경영철학이 있다. 허브 캘러허는 면접장소에서 응시자에게 웃겨 보도록 하고 웃기면 합격, 못 웃기면 불합격을 주었다고 한다. 또 직원들을 놀라게 해주려고 항공기 짐칸에 숨어있기도 하고 캐릭터 복장으로 근무를 하기도 한다고 한다.

가장 강력하고 경제적인 방법, 즐거움

미국 내 단기 노선을 오가며 최저가 항공사로 포지셔닝한 사우스웨스트항공이 선택할 수 있었던 최적의 서비스는 어쩌면 '즐거움'이 최선이었을 것이다.

"생일인 고객에게 케이크나 와인을 서비스해 드릴 수는 없지만 특별하게 더 즐겁게 해드리겠습니다."

즐겁게 일해야 일의 능률도 오르고, 즐거운 추억이 고객의 기억에 오래 남아 경영성과에 도움이 된다는 연구결과도 많다. 한때는 펀경영이 유행하기도 했지만 사람의 몸을 섬세하고 정확하게 진단하고 치료해야 하는 의료계에서는 천천히 활용되고 있다.

병원에 내원한 고객에게 활용하는 것이 더 효과적이다. 앞 장에서 고객에 대해 충분하게 공감했다면, 병원에 내원한 고객이 얼마나 긴장하고 불안한지 알고 있다면, 재미와 즐거움을 통해 직원과 고객이 함께 긴장도 풀고 통증을 완화하기 위해 노력해 보자.

▶ 〈출처: http://eguegu.tistory.com/m/post/2409#〉

불특정 다수를 상대로 하는 마케팅 활동에 튀는 문구나 재미있는 아이디어를 활용하면 이목을 집중시키고 호기심을 자극하는 효과를 기대할 수 있다. 비슷비슷한 병원광고의 홍수 속에서 "어!! 이건 뭐지??"하고 호기심을 유발할 수 있는 창의성이 빛나는 광고를 찾는 것 자체가 즐거움이다.

마케팅 활동을 즐겁게 해야 하는
가장 중요한 이유는
즐거워야 오래할 수 있기 때문이다.

어떤 사람은 여러 사람에게 둘러싸여 있을 때 즐겁고 또 다른 사람은 혼자서 책을 읽을 때 즐거운 것처럼 즐거움에 대한 사람들의 욕구는 얼굴 모양만큼이나 모두 다르다. 고객과 직원을 각자의 개성대로 병원에서 즐겁게 놀 수 있는 판을 만들어 주어야 그 관계가 오래갈 수 있다.

📍 재미로 사람의 행동을 바꿀 수 있을까?

쓰레기통이 옆에 있어도 쓰레기를 줍지 않는 사람들과 계단은 놔두고 오로지 에스컬레이터로만 다니는 사람들에게 '재미'를 선사해 행동변화를 바꾸는 실험이 있었다.

'세상에서 가장 깊은 쓰레기통'이라는 실험으로 쓰레기통에 쓰레기를 버리면 버려진 쓰레기의 움직임을 감지해 물건이 깊은 곳으로 떨어지는 소리가 나도록 설계를 했다. 무심코 쓰레기통에 쓰레기를 버렸다가 한참 후 '쿵'하며 떨어지는 소리를 듣고 놀라움에 쓰레기통을 살펴보던 사람들은 신기해 하면서 너나 할 것 없이 주변에 버려져 있는 쓰레기를 모두 주워 버리며 즐거워한다. 이 날 하루, 인근 쓰레기통에는 41kg의 쓰레기가 모였지만 '세상에서 가장 깊은 쓰레기통'에는 71kg의 쓰레기가 버려졌다고 한다. (사진 위쪽)

▶ 〈출처: 유튜브영상 캡쳐〉

또 다른 실험은 스웨덴 스톡홀름의 한 계단에서 진행됐다. 에스컬레이터로만 다니는 사람들을 계단으로 다니도록 해보자는 것이었다. '피아노 계단'이라는 제목으로 올라온 실험 영상 속 실험자들은 계단에 피아노 소리가 나는 센서를 설치했다. 밟을 때마다 소리가 나는 계단에 재미를 느낀 사람들은 바로 옆의 에스컬레이터를 두고 계단으로 몰려들었다. 계단을 오르내리는 사람들의 얼굴에는 웃음이 피어난다. 이 실험을 통해 66%의 사람들이 계단을 선택했다고 한다. (사진 아래쪽)

이 영상을 보고 영감을 받아 비교적 진료팀의 협조가 덜한 내용부터 재미있는 요소를 첨가해 바꿔보았다. 제일 먼저 시작한 건 화장실 문구였다. 화장실에 A4 크기로 명언이나 병원 내 이벤트행사를 공지하는 글이 꽂아 둔 병원이 많은데 바쁘다고 자칫하면 소홀해지기 쉬운 광고가 된다.

습한 화장실에서 종이는 쉽게 눅눅해지고 색이 변하기 쉽다. 때로는 행사기간이 지난 공지가 걸려있다. 그래서 기간을 정해 교체하는 시기를 지키기로 했다. 문구의 내용도 명언이나 싯구 등 쉽게 접할 수 있는 내용보다 기획된 내용을 순차적으로 만들어보기로 하고 한 달에 한 번씩 바꾸고 1년치를 연재하듯이 진행하기로 했다.

첫 번째 내용은 '껍질로 활용할 수 있는 생활 속 꿀팁'이었다. 직원들에게 공모해 의견을 받기도 하고 인터넷 검색을 통해 내용을 보충해 게시했는데 고객이 아이디어를 제공하는 경우도 생겨 신기했다.

두 번째는 명령조의 원내 게시물을 찾아서 하나씩 청유형으로 바꾸거나 재미있는 요소를 가미한 것이었다. '한 장씩만 쓰세요' '물을 꼭 잠그세요' '문을 닫으세요' 등 분명 공공장소를 이용하는 고객이나 직원의 협조를 구하는 문구인데도 강제적인 느낌을 받을 때가 있다. 그런 문구들을 하나씩 찾아서 바꿔나가다 보니 고객패널제를 통해 칭찬을 받기도 했다. 화장실 문구가 재미있고 유익하다는 칭찬을 받고 담당직원은 무척 즐거워했다.

◉ 광고에서 찾는 즐거움

나른한 오후 버스정류장에서 버스를 기다리다가 내 눈을 두 번 의심하는 버스 외부광고를 보게 됐다.

순정만화 여주인공이 콧물을 줄줄 흘리고 있다. 그걸 안타깝게 여긴 남주인공이 ○○한의원을 찾아가라고 한다.

이 광고를 보고 두 번 놀란 이유는 색다름 때문이었다. 그 당시만 해도 만화가 병원광고에 등장한 적이 없었다. 새로운 시도가 신선했다.

두 번째는 병원 자체브랜드가 아닌 '비염'이라는 진료브랜드를 내세운 점이다. '한의원'을 강조하기보다 '비염'을 알리기 위해 만화를 활용한 점이 독특해 관심이 갔다.

▶ 영화관 광고 〈출처: 사랑받는병원연구소〉

영화를 보러 갔는데 우연하게 한의원 광고 시리즈가 나와서 반가워 찍어 보았다. '킹카형이 말끔할 수 있는 비밀은 ○○한의원'이라는 메시지를 담고 있다. 이외에도 한석봉 어머니가 어두운 방안에서 떡을 썰 수 있었던 이유가 '치아미백으로 밝아진 치아가 자체발광해서'라는 해석을 보여준 광고도 재미있는 광고로 남는다.

병원의 구인광고에서도 그 병원의 분위기를 짐작할 수 있다. 그 당시 유행하는 드라마나 유행어를 패러디해서 광고를 만들기도 한다. 패러디는 고객에게 공감을 빠르게 받을 수 있는 방법이기도 하고 창작과 기획에 대한 비용을 줄일 수 있는 방법 중 하나이기도 하다.

⊕ 즐거운 크리에티브

마케팅 활동에 즐거움을 더할 수 있는 방법은 다양한 상상을 통한 창의적인 메시지를 만들어 내거나 새로운 콘텐츠를 찾아내 시도해 보는 것이다.

이제석은 세계를 놀래 킨 '이제석 광고연구소'의 대표이다. 병원마케팅 관련 책을 기획하면서 『광고천재 이제석』을 읽고 나에게 잠재되어 있던 광고에 대한 DNA가 꿈틀하는 것을 느꼈다. 책을 통해 만난 이제석의 창의성은 먼저 현장과 주어진 환경을 철저하게 활용하는 실용성에서 오는 창의성이다. 그의 손을 거치면 광고의 장애물이 될 것만 같은 주변환경도 창작의 도구가 된다. 두 번째는 좀 무겁게 여겨질 수 있는 사회적 이슈도 그를 통해서 신선한 주제로 탈바꿈된다는 것이다. 환경문제, 장애인차별문제, 물부족, 반전(反戰) 등의 무거운 주제도 창의적으로 재해석되는 놀라움을 경험했다.

마지막으로 '이제석 광고연구소'의 작품을 책에 인용하고 싶다고 이메일을 보냈는데 반나절도 지나지 않아 흔쾌하게 응하는 내용의 메일과 요청한 이미지의 원본파일까지 보내주어 작품에 대한 당당함과 빠른 판단력을 그대로 느낄 수 있었다.

▶ 〈출처: 이제석 광고연구소〉

수없이 많은 천장의 전등을 활용해 치아미백을 알리는 치과의 광고이다. 우리는 하루에도 수없이 많은 전등을 보고 그냥 지나친다. 밝게 빛나는 전등과 치아미백 후 밝아진 치아를 연결시켜 만들어낸 창의적 아이디어가 반짝반짝 피어나는 광고이다.

▶ 〈출처: 이제석 광고연구소〉

　구강청정제의 효과를 파리와 벌로 비유해 표현해 낸 재미있는 광고이다. 구강청정제 광고라면 대부분 입 속 세균을 보여주고 구강청정제를 사용하면 입 속 세균이 얼마나 확실하게 사라지는지를 광고하는데 파리가 꼬이던 입에서 벌이 모이는 입으로 탈바꿈시키면서 매콤한 구강청정제의 맛도 마치 달콤할 것 같은 느낌을 전해 준다.

교정은역시N치과

▶ 〈출처: 이제석 광고연구소〉

▶ 옥외에 설치된 모습 〈출처: 이제석 광고연구소〉

교정전문치과에 대한 상상을 하면서 간판자체를 고르지 않은 치열로 만들어 창작의 캔버스를 입 속에서 옥외 광고판으로 가져와 뒤로 갈수록 교정의 효과를 수렴하듯 보여주는 옥외 간판이 재미있다.

재미있고 의미있게

마케팅 활동에서 디자인활동이나 창작활동은 뗄 수 없는 일이다. 그래서 마케팅에서 창의성을 담당하는 직원에게는 크리에이티브가 즐거움이 아닌 고통으로 느껴질 때가 있다. 디자인을 전공으로 한 직원이나 블로그를 전문으로 하는 직원과 마케팅 회의를 하면, 디자인 프로그램에 대한 이해가 깊더라도 진료를 바로 알지 못하는 경우 병원과 마케팅, 광고를 연결하는 것에 어려움을 호소한다.

그래서 마케팅 활동이 단순히 광고가 아닌 참여와 의미도 있다는 기획을 해 〈생활 속 하트 찾기〉 이벤트를 기획했다. 먼저 마케팅을 담당한 직원들이 한두 개씩 의견을 내고 전 직원의 공모를 받은 후 고객들에게 확산하는 과정을 진행해 나가기로 했다.

〈생활 속 하트 찾기〉를 기획한 의도는 사진과 참여이다. 스마트폰이 대중화되면서 이제 고객들은 쓰거나 말하는 것보다는 찍어서 올리는 것에 익숙해져 있다. 디저트 상점에 들리거나, 업무를 보거나 기타 일상생활에서 하트모양을 보면 우리 병원을 떠올리기 바랐다. 그랬더니 의

외로 직원들의 반응이 더 좋았다. 카페에 들렸는데 천장의 등이 하트모양이라 찍어 보낸 직원, 농장에 놀러 갔는데 하트모양 빵을 팔고 있어 찍어 보내는 직원이 하나둘씩 생겨나기 시작했다. 전 직원이 카카오톡으로 연결되어 있기 때문에 즉시 반응할 수 있어 좋았다. 사진의 사례가 많아지면 '하트월'을 꾸미는 것도 좋을 것 같다는 의견도 나왔다.

▶ 하트 찾기에 응모된 사진

행사를 진행하면서 가장 즐거워했던 건 마케팅 담당직원들이었다. 시즌에 이벤트 포스터를 기획하거나 원장님 프로필을 수정하는 일을 주로 하다가 새로운 기획을 만들어 진행하니 색다른 아이디어도 봇물처럼 쏟아져 나왔다.

고객이 공감하는 즐거움

과유불급(지나치면 부족한 것만 못하다)이라는 한자성어가 있다. 즐거움과 재미를 마케팅 활동의 근거로 삼는 것은 내부고객과 외부고객의 에너지를 높이는 지속 가능한 마케팅 소스이다. 하지만 고객의 기대는 전문성과 진지함을 갖추어주기를 바라고 있다. 때로는 재미와 즐거움을 선택해 인지도를 높이는 데에는 성공하지만, 호감을 받는 것까지는 부족한 마케팅 활동을 볼 때면 안타까울 때가 있다. 직원이 무심코 SNS에 올린 사진으로 곤욕을 치루어야 하는 경우가 생기거나 재미있는 아이디어로 이미지를 사용했다가 저작권 소송에 휘말리는 경우도 발생하게 된다.

병원 5층에서 대로를 내려다보니 버스 외부에 로보트 태권브이의 각진 얼굴을 이용한 양악광고를 붙인 버스가 지나가고 있었다. 어머니가 어두운 방 안에서도 떡을 썰 수 있었던 비밀을 간직한 치아미백 광고는 TV 프로그램에서 난센스퀴즈로 나올 정도로 큰 호응을 받았지만 병원에 고객 유치에 직접적인 영향을 주었는지는 알 수가 없다.

앞에서 예로 들었던 "성형외과 담당의사 수전증이 느껴질 때"라는 카피나 "꽃미남코디네이터" 마케팅 활동은 그 파격의 정도가 고객의 기대를 넘어 선다고 할 수 있다.

"○○야 너는 먹을 때가 젤 예뻐" 등 전국 소녀들의 이름을 카피에 넣어서 버스 광고를 시작해 "어디서 치킨냄새 안나요?" 등으로 진화해 최근 "○○동은 좋겠다. ○○이 있어서"라며 지역밀착형 광고를 시작한 업체의 광고는 다양성과 실행력뿐 아니라 재미있는 발상으로 인기몰이를 하고 있고 해당 배달 전문 어플 다운로드와 업체 매출에도 지대한 영향을 주고 있다. 톱스타를 앞세운 경쟁업체의 광고에 비해 창의성으로 더 주목을 받고 있다.

▶ 배달의 민족 때수건

대부분의 고객은 아직 병원 마케팅 활동에 대한 기대치가 파격을 넘어서기를 원치 않는 것 같다. 진료수가가 상대적으로 저렴하다는 것은 고객에게 큰 이익인데도 불구하고 파격적인 이벤트에 대해 불신을 표출하는 경우가 있다. "아니 ○○병원은 어떻게 그렇게 저렴한 거야?"라고 경쟁병원에 가서 묻는 건 아무래도 수상쩍은 기분을 확인하고 싶은 심리가 크다.

창의적인 아이디어를 기반으로 한 마케팅 기획은 그 자체가 병원 내에 활기를 주기도 한다. 그 아이디어에 즐거움과 재미를 넣을 수 있다면 그 어떤 마케팅 활동보다 최저 비용의 메가톤급 파워를 가진 마케팅 활동이 된다. 즐거움을 기반으로 한 활동을 표현할 수 있는 수단은 판매촉진활동이 될 수도 있고, SNS에 연재할 수 있는 주제가 될 수도 있으며, 외부광고의 아이디어로 활용되는 경우도 있고 때로는 강력한 메시지로 표현되기도 하는 마케팅 활동의 확실한 근거가 된다.

즐거움은 나눌수록 커진다.

필립 코틀러는 '마켓 3.0 시대'의 핵심 키워드를 협력, 문화, 영성으로 정의하였다. 다음 장에서는 직원과의 협력, 고객과 지역사회 등 다양한 참여와 협력을 통해 병원조직의 혈액 역할을 하는 구성원들이 문화를 만들어가는 병원마케팅 활동을 함께하도록 한다.

> 같이 모이는 것은 시작을 의미한다.
> 같이 협력해서 일하는 것은
> 성공을 의미한다.

— 헨리포드(포드사 창업자) —

Part IV

함께하다
Together

초연결시대 창의적으로 연결하라

페이스북을 시작하면 친구를 추천해 준다. 알 수도 있는 사람이라고 추천이 들어온 친구는 나의 친구가 친구를 맺은 친구 이야기를 한다. 그렇게 맺어진 친구들 중 실제로 안면이 있는 친구보다는 친구의 친구, 또는 친구의 친구의 친구가 있다.

그런 가상의 공간에서 다양한 마케팅 활동이 이루어진다. 광고시안을 올려두고 투표를 통해 시안을 확정하기도 하고 고객에게 받은 선물을 자랑하기도 하며 병원 가족들 간의 회식장소를 올리기도 한다.

초연결시대의 가장 강력한 힘 중 하나가 네트워킹이다. 병원에 방문한 고객이 병원에서 사진을 찍어 올리면서 장소를 태그하는 것이 가장 빠른 홍보수단이다. SNS 네트워킹 효과를 가장 많이 본 업종이 음식점이라고 생각한다. 우리가 땅끝의 음식점의 맛을 알 수 있는 것은 블로거와 페이스북, 인스타그램의 힘이 크다. 지방의 몇몇 전통 있는 음식점은 여행객과 미식가들의 성지가 된지 이미 오래이다.

규모를 떠나서 대부분의 병원은 SNS 계정을 하나씩은 가지고 있다. 병원 경영자가 직접 운영하거나 직원이 관리하지만, 안타까운 것은 아직도 병원의 고객은 맛집 고객처럼 드러내 놓고 병원에 다녀온 사실을 자랑하지 않는다는 것이다.

이 책에서는 병원의 고객이 대놓고 병원을 자랑할 수 있는 활동을 기획해 함께할 수 있는 방법과 사례를 고민한다.

어떻게 하면 고객과
창의적으로 연결할 수 있을까?

병원마케팅과 관련된 책을 기획하면서 평소 마음에 담아두고 있던 병원의 마케팅 활동뿐 아니라 경영철학 등을 공유하고 싶었다. 또한 마케팅을 직업으로 하고 있는 사람들과도 솔직한 이야기를 나누고 함께할 수 있으면 좋겠다고 생각해 여러 관계자에게 전작의 책도 보내고 메일도 보내고 전화도 했다. 해당 병원의 팬이자 저자이기도 한 장점을 살려서 병원의 마케팅 활동과 그것이 가능했던 문화를 많은 사람들에게 알리고 싶었다.

다양한 형태의 컬래버레이션을 통해 마케팅의 경우의 수를 늘려야 한다. 앞 장에 텃밭을 강조한 이유는 텃밭이 잘 가꾸어져 있어야 다양하게 응용된 아이디어가 생겨나기 때문이다.

⊕ 〈병원-지역문화〉 울산 CK 치과의 함께하는 즐거움 - CK 아트홀

CK 치과와 또 CK 아트홀에 대해 알고 취재할 수 있는 기회는 우연하게 생겼다. 전작 『병원상담의 모든 것』을 출판하고 병원마케팅 관련 책을 기획하던 중 한 통의 전화를 받았다. CK 치과 김기형 원장님의 전화였다. 저자로서 독자에게 전화를 받는 것은 부끄럽기도 하고 벅찬

일이기도 하지만 나 또한 CK 치과뿐만 아니라 원장님에 대한 궁금증이 생겨나기 시작했다. 책을 읽고 공감을 하는 데 그치는 경우가 더 많은데, 특별하게 전화를 해 느낌을 공유해 주신 정성에 감동하지 않을 수 없었다.

이렇게 또 하나의 가능성이 생겨났다. 마케팅을 기획할 때 흔히 하는 오류 중 하나가 대중을 움직이려 하는 것이다. 고객 한 분, 한 분을 움직일 수 있는 마음이 있어야 통하는 시대가 되었다. 일상의 작은 부분일 수 있지만 이 기회를 놓치고 싶지 않았다.

'마켓 3.0 시대'에 맞는 협력과 참여의 마케팅을 하는 병원의 사례를 찾고 있었는데 CK 치과병원에서 직접 운영하는 CK 아트홀에 대해 알게 되었다. 이번에는 역으로 연락을 드려 취재하고 싶다는 의사를 전했고 CK 아트홀의 취재는 그렇게 이루어졌다. 직접 만나 본 원장님은 옳은 일은 망설임 없이 추진하는 솔직하고 시원시원하신 분이라는 것을 금방 알 수 있었다.

말콤 글래드웰은 『티핑 포인트』에서 모든 관계는 6단계로 연결할 수 있다며 중요한 계약이나 소개 등은 대부분 2~3단계에서 이루어진다고 했다.

마케팅 마이크로
네트워크에 관심을 가져라.

CK 아트홀은 병원 내에서 운영하는 아트센터로는 스케일부터 남달랐다. 병원 전체가 14층으로 이루어졌는데, 그중 12, 13층을 아트홀과 갤러리로 운영하고 있었다. 극장은 봄정기공연 막바지 리허설이 진행 중이라 촬영할 수 없었지만 취재 후에 연습장면을 사진으로 보내주셨다. 신문이나 잡지사도 아니고 생면부지의 저자라는 사람이 나타나 갤러리와 병원 또 아트홀 운영과 마케팅 활동에 대해 물어보니 당황스럽고 귀찮기도 하셨을 텐데 친절하고 차분하게 안내해 주셔서 취재를 무사하게 마칠 수 있었다.

병원에서 코디네이터로 일하다가 아트센터를 맡으셨을 때 어려움은 없었는지 물어보았다.

"당시만 해도 울산에는 공연시설이 없었어요. 전혀 다른 업무를 해야 하는 부담감도 있었지만 잘해보고 싶었습니다."

5년 정도의 시간이 흐른 요즘은 좀 어떤지 물어보았다.

"지금은 주변에서도 많이 찾아 주시고 공연팀도 안정이 되어서 한결 수월해졌지만, 지금도 관객이 적을 때면 고민이 많습니다."

"앞으로 CK 아트홀의 목표는 어떤 것이 있을까요?"

"지금은 대학로에서 작품과 공연팀을 계약해 공연을 하지만 기회가 된다면 직접 기획한 작품으로 공연을 만들어보고 싶습니다."

근무 중임에도 기꺼이 사진촬영을 허락해 주었다.

▶ CK아트홀: 공연포스터(좌상) 연습모습(좌하) 아트홀기획팀(우)

저녁에는 아트홀을 직접 기획하신 채종성 원장님을 만나 다양한 이야기를 들을 수 있었다. 울산시민을 위해 함께 즐길 수 있는 문화공간을 만들었는데, 처음에는 시행착오도 많았다고 한다. 주변사람들의 우려와 걱정보다 더 큰 문제는 개장 초기 관객이 없는 것이었다. 그래서 진료가 없는 주말이면 대학로를 찾아 연극을 직접 관람하고 공연문화를 즐기기 시작하는 사람들이 좋아할 만한 공연을 찾는 데 집중했다고 한다.

"그렇게 찾아 다닌 후에, 1편을 보통 1달간 공연하는데 6편을 동시에 계약했어. 왜냐하면 그렇게 하지 않으면 그만둘 것 같아서야."라는 말에서 그때의 마음 고생과 비장함을 그대로 느낄 수가 있었다. 지금은 공연수익도 발생하고 공연에서 소외된 아이들과 공연을 즐길 수 있는 기회가 생겨서 좋다고 했다. 또 CK 아트홀이 생기고 난 후 울산에 다양한 문화공간이 속속 생겨나고 있는 것이 오히려 보람이라고 했다. 병원의 문화활동이 마케팅적으로 병원에 도움이 되는지 물어보았다. 정확하게 측정하기는 어렵다고 말하며 덧붙였다.

> "우리 병원에서 치료받은 경험도 없는 사람이 지인에게 무조건 우리 병원에 가보라고 한 모양이야. 치료는 안 받았지만, 열심히 활동하는 병원은 믿어도 좋고 또 잘 되야 하니 꼭 그리 가서 치료하라고 해서 우리 병원으로 보냈다는 거야. 내가 그 환자가 누군지 알거든."
> "아트홀을 통해 원장님께서 이루고 싶으신 것은 무엇이신가요?"
> "아트홀 직원들에게 그러지. 공연수익에 너무 연연해 하지 마라. 울산에 다른 문화시설이 많이 생겨서 우리 아트홀이 안 되면 그게 우리가 잘 한 기라. 안 그렇나?"

나는 놀라지 않을 수 없었다. 책이 아닌 육성으로 바로 앞에서 그렇게 멋있는 말은 처음 들었기 때문이다. 그 자리에서 원장님과 CK 치과의 팬이 되었다. 너무 멀어서 직접 찾아가 치료를 받는 고객이 되기는 어렵지만, 서울에서 바람직한 네트워크의 힘을 발휘해 CK 치과를 자랑하고 홍보할 수는 있다.

마이크로 네트워크의 힘

병원 마케팅에 대한 다양한 경험을 정리하면서 우연한 기회에 새로운 경험을 할 수 있었다. 5년 전부터 고객이 찾아볼 수 있는 블로그를 운영하고 있다. 전투적으로 포스팅하지 않아서 방문객이 많지는 않지만, 내가 좋아하는 병원을 포스팅해 고객들의 선택에 도움을 주고자 좋은 내용이 생각날 때마다 포스팅을 하고 있다.

5년 전에 구인광고를 보고 호기심이 생겨 방문한 병원의 진료시스템과 원장님의 진료철학 포스팅을 공유했는데, 얼마 전 댓글이 달렸다.

진료시스템과 철두철미한 원장님께 꼼꼼한 진료를 받을 수 있다는 내용, 주의할 점은 성질 급한 분은 다소 불편할 수 있다는 안내문구를 빼놓지 않고 적었다. 그런데 원장님이 최근에 병원을 이전했다며 새 주소를 안내하는 댓글을 달았다. 병원의 원장이 블로그를 찾는 것도 신기했지만, 100% 마음 가는 대로 쓴 블로그를 보고 병원을 수소문해 치료를 받은 고객들의 힘도 놀라웠다.

마이크로 네트워크의 힘은 1, 2년 안에는 체감할 수 없을 수 있다. 당장 다음 날에 진료수입을 높이기 위해 선택하는 마케팅 방법은 아니다. 하루 하루, 한 사람 한 사람의 올바른 힘이 모여 조직이 위기를 극복할 수 있는 힘이 되어 주기도 하고, 때로는 은은한 달빛이 되어 병원에 대한 입소문으로 지지해 주기도 한다.

📍 〈병원–직원〉 공부하라고 도와줬을 뿐인데

직원에게서 한통의 문자를 받았다. 영어회화 선생님이 외국인 커뮤니티사이트에 우리 병원을 극찬한 내용이 있다며 공유해 주었다.

▶ 사과나무치과의 영어동아리

이야기는 이렇다. 당시 직원의 자율적인 교육프로그램을 기획하던 중 영어회화에 관심이 있는 직원들을 위해 직원의 소개로 영어회화 선생님을 매칭해 주고 수업료와 간식비를 지원해 주었다. 이후로 간간히 피드백이 전해져 중도에 낙오하는 직원들도 있지만, 끝까지 함께한 직원들은 즐겁게 영어울렁증도 극복할 수 있는 좋은 시간을 가졌다고 했다. 직원들과 친분이 쌓인 회화 선생님은 자연스럽게 병원의 고객이 되었고, 진료받으면서 느낀 고마움을 외국인 커뮤니티사이트에 올려준 것이다.

정보 홍수의 시대. 이제 고객은 누구를 믿어야 할지 몰라 결정장애를 앓고 있다. 그래서 좀 더 진정성 있고, 믿을 만한 사람들의 결정에 따르려고 한다.

"아저씨 이 귤 맛있어요?"
"네!! 맛있어요."
"지꺼니까 맛있다고 하겠지."
이때 누가 옆에서 거든다.
"저도 어제 사가서 먹어봤는데 맛있더라구요."
"당신은 누구세요??"

이것이 근거기반 병원마케팅의 핵심이다. 이제는 없는 것을 있다고 하고 불가능한 것을 가능하다고 하면 지속적인 성장을 보장받을 수 없다. 정부가 정견을 내놓기도 전에 트위터에 정보가 뜨고, 사태를 수습하기도 전에 해당 관계자와 기관의 신상이 털리는 시대가 되어가고 있기 때문이다.

📍 〈병원-병원〉 아낌없이 주는 병원

춘천예치과는 다양한 활동으로 말과 행동, 가치관을 연결시키는 병원이라 누구나 방문을 하면 사랑에 빠지는 병원이다. 앞에 소개한 김동석 원장의 이야기를 실생활에서 어떻게 실천하고 있는지 몇 가지를 소개하려고 한다.

예카페 문화를 빼놓을 수 없다. 예카페에서는 병원을 찾는 고객들에게 빵과 커피를 딜리버리하는 것 외에 한 달에 한 번 공연을 진행한다. 초기에 문화행사를 진행할 때까지만 해도 병원에서 주도적으로 진행했지만, 현재는 지역의 공연 문화행사를 기획하는 단체와 개인이 주도적으로 행사를 기획하고 홍보한다고 한다.

▶ 춘천예치과: 어린이를 위한 공연을 진행하는 모습

직원들뿐 아니라 지역주민이 다양한 문화행사를 즐길 수 있는 것이 장점이라고 한다. 그 장르가 국악이나 뮤지컬, 연극, 클래식 등 다양하기 때문에 카페를 지역사회에 개방하지 않을 수 없다고 한다.

소아치과 오픈을 시작으로 지역아동을 초대해 소아구강보건 교육을 진행하는 것은 물론이고, 구강보건 교육이 필요한 곳이라면 춘천 인근 뿐 아니라 평택 등 꽤 먼 거리도 마다하지 않고 기꺼이 찾아가 교육하고 있다. 지역사회와 연계한 건강관리 교육은 많은 병원이 참여해 진행하고 있는 활동이다. 그리고 병원 마케팅팀에서 제작한 포스터를 다른 병원에서도 사용할 수 있도록 이름과 사진을 조금씩 달리해서 디자인해 주고 있다.

▶ 여러 병원에서 디자인을 활용한 예

병원으로 인터뷰를 다녀온 후 생긴 일이라 SNS로 이 소식을 접하고는 신기하고 흥분됐다. 나눔을 실천한 결과물은 작아 보일 수 있지만, 리더의 통큰 결단력을 확인할 수 있는 행동이기 때문이다. 디자인을 전문으로 하는 인력이 있는 병원은 많지 않다. 또 자신의 디자인을 다른 병원을 위해 기꺼이 수정해 공유하는 병원은 더 많지 않다.

Like, Share, Follow, Retweet, 좋아요

'Like, Share, Follow, Retweet, 좋아요'는 SNS 상에서 상대의 글이나 사진 또는 상대 자체가 마음에 든 것을 표현하는 각 SNS가 가진 기능이다. SNS를 하다 보면 가끔 좋아요 버튼으로 '상부상조'하는 느낌을 받을 때도 있다. 때로는 개인 SNS에 진심 어린 이야기를 하면, 진심이 담긴 응원의 댓글을 받기도 한다.

초연결시대에는 핵심가치를 외치는 것을 넘어서 가치에 중심을 두고 사회에 긍정적인 영향력을 미치는 방향으로 진화해야 고객에게도 진실한 좋아요를 받을 수 있다. 위에 소개한 병원의 활동에 대해서는 개인적으로 솔선해서 좋아요를 외치며 다니고 있다. 좋은 가치관을 가지는 것도 훌륭하지만, 그 가치관을 실천하고 표현하는 것이 고객의 진심을 넘어 팬심을 자극하는 가장 빠른 길이자 명답이다.

아이스버킷챌린지로 루게릭병 환자를 돕고, SNS로 망해가는 시골 빵집을 지켜내는 것이 함께하는 힘이다. 기존의 마케팅 방법을 어떻게 새로워 보이게 할까를 고민하기보다는 새로운 고객의 라이프스타일과 그들이 중요하게 생각하는 것을 보는 것이 고객과 더 오래 행복해지는 방법이다. 고객과 즐겁게 함께해야 하는 것이 좋은 줄은 알겠는데, 병원마케팅은 소재가 제한적이라는 이야기를 한다.

다음은 근거기반 마케팅요소를 가지고 어떻게 더 즐겁게 함께하는 마케팅을 진행할 수 있는지에 대한 방법을 이야기하자.

"

작은 일들에 충실하십시오.
당신을 키우는 힘은
바로 거기에 있으니까요.

— 마더 테레사 —

"

Part V

매일하다
Daily

일상을 마케팅하다

카카오채널 마케팅을 진행하기 위해 회의 중에 있었다. 거래처 담당의 열띤 설명이 이어지고 있다.

"소식 받는 사람들을 늘어나게 하려면 콘텐츠가 중요합니다. 그래서 저희 회사에서는 하루에 3가지의 글을 올려 병원의 소식이 아래로 내려가는 것을 방지하고 있습니다. 고객이 치료방법, 원장님 소개 등 병원소식을 받게 하기 위해 건강상식과 요즘 많은 관심을 가지고 있는 커피를 테마로 글을 올리고 있습니다."

"특별한 기술이나 노하우가 있어서 비용을 지불하는 것이 아니라 콘텐츠 개발을 대신 관리해 주시는 거네요."

"그렇다고 볼 수도 있는데 실제로 직접운영을 해보시면 아시겠지만, 개설하고 무용지물이 되어 버린 병원의 사례도 많이 있습니다. 아니면 대부분 이벤트 행사를 올리고 있는데 그러면 결국 병원의 손해입니다."

채널을 초기에 개설하고 일정하게 소식을 받는 고객을 확보하기로 하고 2개월 후부터는 내부에서 운영을 하기로 했다. 하지만 거래처 담당자가 한 예언이 현실이 되는 것을 확인하는 데는 그리 오랜 시간이 걸리지 않았다. 블로그에 포스팅한 내용을 그대로 연동하다 보니 사람 사진이 잘려서 나오거나, 무슨 내용인지 분간하기 어려운 기사들이 올라

가기 시작했고 그 조차도 따로 체크하지 않으면 1~2주는 아무 업데이트 내용 없이 넘어가는 일도 생겨났다.

📍 콘텐츠 변천사

마케팅 활동의 성과를 두고 담당직원과 대책을 논의하다 보면 이런 이야기가 꼭 나온다. '할 일은 많고 할 말은 없다.'

바이럴마케팅이 효과를 보고 병원마다 홈페이지나 블로그 등 온라인 홍보매체를 가지게 되면서 매체에 올릴 새로운 소재를 찾기 시작했다. 어디서나 볼 수 있는 병명이나 치료방법을 '요렇게 조렇게' 다듬어서 올리는 일도 한계에 부딪치게 된다. 고객들은 새롭고 감각적이지 않으면 손길뿐 아니라 눈길조차 주지 않는다. 홈페이지 방문자 수 만큼 고객이 홈페이지의 다양한 페이지를 열어서 병원에 대한 정보를 알고자 했는지가 중요해지면서 마케팅을 하는 사람들은 이야기꾼이 되어 갔다. 그것이 여의치 않으면 홈페이지를 리뉴얼하는 방법을 쓰기도 한다.

더욱이 SNS는 지속적으로 글을 업데이트 하지 않거나 댓글과 좋아요가 늘어나지 않으면 다른 사람들의 글에 밀려 금방 과거가 되어 버린다.

병원마케팅이 온라인에 집중하면서 바이럴마케팅 담당자들은 늘 새로운 콘텐츠를 개발하는 데 고민에 고민을 거듭했다. 진료내용과 치료법에 대해 설명하고 의료진 소개가 끝나면 더 이상 무엇을 어떻게 해야 할지 걱정하게 되고, 병원을 방문하는 고객 이야기를 하기 시작하고, 그곳에서 생활하는 구성원들 이야기를 시작했는데 직원이 자꾸 병원을 떠나 당황하기도 했다.

　고객이 맛집 블로그에 몰리면서 병원을 중심으로 주변 맛집에서 직원들과 회식한 사진을 지역 태그⁴를 달아 내용을 작성하기도 한다. 급하면 포털사이트에 올라온 기사를 인용해 방문자 수를 늘리기도 한다. 그러다가 방문자가 뜸하다 싶으면 연예인 이야기를 하거나 개봉영화를 소개하기도 했다. 그런데 연예인 이야기나 개봉영화 소개는 방문자 수를 늘리기는 했지만 직접적인 연결이 이루어지지는 않는 현상이 관찰되었다. 다시 병원 안에서 이야기를 찾다가 병원에서 공부하는 모습, 회의하는 모습, 회식한 장소를 소개하거나 병원 주변의 맛집을 소개하기도 한다. 생활 속에 자연스러운 모습을 찾아 올리기 시작했다.

　혼자서 해결하기 어려울 때는 다양한 매체전략을 쓰기도 한다. 책을 출판하거나 잡지사에 건강관련 칼럼을 기고하거나, TV에 출현할 수 있는 기회를 만들기도 한다. 출판이나 칼럼을 기고한 학술지나 잡지, TV에 방송된 동영상은 병원 안의 또 다른 홍보직원 역할을 대행한다.

　매체를 활용한 마케팅 활동에 대한 고객의 의심이 생겨나면서 병원의 시스템과 관계자, 지형지물을 이용해 홍보하는 오프라인 홍보방법을 동원해 열정을 가지고 발로 뛰어 병원을 알리기 위해 활약을 한다. 병원의 24시간 무엇이나 마케팅 콘텐츠로 사용할 수 있다.

4　#로 표시해 단어를 올리면 연관되어 검색되는 SNS 신조어

관점을 달리하면 콘텐츠가 보인다

우리가 잘 알고 있는 '백설공주'는 계모의 질투로 숲속에 버려지는데 일곱난쟁이의 도움을 받아 함께 생활하게 된다. 이 사실을 안 계모가 독이 든 사과를 먹여 죽게 만들지만 왕자의 키스로 깨어나 왕자와 행복하게 살게 된다. 이것이 「백설공주」의 기본적인 이야기 구조지만 다양한 관점으로 재해석되어 새로운 이야기로 탄생을 한다.

원제가 「Mirror Mirror」인 백설공주에서는 주인공이 여왕이다. 원작에서 사악하고 악독한 계모는 백치미가 좔좔 흐르는 된장녀로 나온다. 백설공주도 일곱난쟁이와 왕자의 도움을 기다리는 민폐녀로 그려지는 것이 아니라 스스로 운명을 개척하는 검술이 뛰어난 여성으로 그려진다.

또 다른 백설공주를 주제로 한 영화 「스노우 화이트 앤드 헌츠맨」은 동화적 환상을 완전히 없애고 공포스러운 분위기를 연출한다. 여기서 백설공주는 여전사로 그려진다.

'백설공주'는 연극이나 뮤지컬 등 다양한 문화콘텐츠로 기획되어 우리에게 즐거움을 주고 있다.

잘 만들어진 한 편의 이야기는 관점을 달리하면 다양한 콘텐츠로 사용 가능하다.

백설공주의 관점에서 보면 여왕은 착하고 예쁜 자신을 괴롭히는 계모로 비춰질 수 있다. 여왕의 입장에서 보면 애 딸린 홀아비와 재혼했더니 딸은 일은 안하고 산새들과 노래나 부르며 놀고, 남편은 애 역성만 들어 외롭고 지친 여자일 수 있다. 또 여왕에게 버려지고 일곱난쟁이의 민폐녀로 왕자에 의해 신분상승하는 백설공주는 스스로 운명을 만들어가는 요즘 여성들에게는 곱게 보이지 않을 뿐 아니라 답답해 숨이 넘어갈 것만 같다.

병원의 생생한 이야기를 마케팅 소재로 가공할 수 있게 정보를 달라고 진료팀의 협조를 요청하면, 진료팀은 고객을 케어하고 관리해야 하는 대상으로만 볼 뿐 고객과의 관계를 마케팅의 연장선으로 인식하지 못하기 때문에 아까운 소재들을 그냥 흘려 보내는 경우를 목격하게 될 때도 있다. 때로는 콘텐츠 사냥꾼을 도와주고 싶은 마음은 굴뚝같지만, 진료에 지쳐서 미처 챙기지 못하는 경우도 있다.

매일 기구를 소독하고 수술실의 멸균 상태를 유지해야 하는 일은 그 일을 담당하는 직원에게는 여간 까다롭고 눈에 띄게 성과가 보이지도 않는 업무의 연장선이다. 담당직원에게는 귀찮고 까다로운 업무인 소독과 멸균, 이 과정을 고객의 관점에서 보면 이야기가 어떻게 달라질까?
'병원이라면 기본적으로 지켜야 할 것'
'내 뱃속과 입 속을 왔다 갔다 하는 기구는 과연 깨끗한 걸까?'하는 의구심이 들 것이다. 이를 까다롭고 귀찮은 업무로 보지 않고 가장 중요한 기본적인 사항으로 여기고 정성 들여 준비하는 병원을 찾고 싶을 것이다.

다음 기사 내용의 헤드라인을 만들어 보자.

A병원 네트워크는 1년에 2번씩 네트워크 병원 간에 청결과 위생에 관한 사항을 교차체크하는 관례가 있다. 여의도에 있는 병원에는 정릉에 있는 관리자가 청결도를 객관적으로 체크하고, 정릉의 병원은 압구정에서 체크를 하는 식으로 네트워크 병원의 기본적인 서비스 품질을 유지하기 위해 6년째 지속되었으며, 올해도 5월 10월 진행 예정이다.

이 내용을 다양한 매체의 주요 타깃의 관점을 고려해서 헤드라인을 만들어 볼 수 있다.

다양한 관점으로 관찰해 헤드라인을 작성해 보자.

의료인이 주 독자층인 신문에 보도자료로 낼 때
네트워크 병원의 사내 인트라넷에 공고할 때
청결도 검사가 있을 것이라고 SNS에 알릴 때
병원 내에서 직원들에게 공지할 때
병원에 방문하는 고객에게 알릴 때
고객은 청결도 검사를 어떻게 생각할까
매해 청결도 조사를 위해 준비하는 직원들의 기분은 어떨까
네트워크 내에 다른 병원의 직원들과 실장들은 어떤 마음일까
네트워크의 연례행사 내용의 기사를 접하는 다른 병원의 반응은 어떨까
우리 병원을 방문한 적 없는 고객은 청결도 조사에 대해 어떤 생각을 할까
병원 내 세균과 바이러스들은 5월과 10월이 되면 어떤 마음을 먹게 될까

잘 짜여있는 내부시스템은 훌륭한 마케팅 소재가 된다. 시스템이 병원 내에서 그대로 실천되고 었다면, 마케팅 소재로서 활용할 수 있는 확실한 근거가 된다. 그러나 병원 내 구성원에게 일상이 되어버린 시스템은 직원들에게는 이미 반복된 귀찮고 힘든 일이 되어버린다. 하지만

내게는 일상이지만, 새로 온 고객에게는 병원을 믿고 찾을 수 있다는 생각을 심어 줄 수 있고 잠재고객에게는 좋은 인식을 주어 병원을 찾게 될 때 가장 먼저 떠오를 수 있는 기회를 제공하게 된다.

SNS에서 꾸준하게 사용자들의 관심과 공감을 모으는 글은 먼저 유명 연예인이나 스포츠 스타들의 개인 계정이다. 많은 광고비를 투자해 광고를 하는 기업페이지의 경우 특별이벤트와 함께하지 않으면 관심을 받지 못한다. 일반 계정을 사용할 경우 큰 이슈보다는 꾸준한 일상의 단상들을 올리고 때로는 시시콜콜한 말을 할 때도 있지만, 그중 하나가 친구들의 공감을 사면 다음부터 나의 글을 관심 있게 봐주는 사람들이 생겨난다. 가끔은 고객이 병원에 대해 가져주었으면 하는 기억이나, 분기별 목표를 정하고 일상을 디자인해서 마케팅 활동을 기획할 수도 있다.

⊕ 질문을 바꿔라

고객이 우리 병원을 찾아야 하는 근거가 분명한데도 신규고객이 늘지 않거나 병원 진료수입이 제자리 걸음을 하고 있다면 질문을 바꿔라.

초등학교 동창이 동네상권에서 작게 호프집을 개업했다. 주택가 안에 있어서 잘 될까 걱정되었지만 내색하지는 않았다. 개업 후 몇 개월이 흐른 후 들렸는데 새로운 메뉴를 개발했다며 그 당시 뜨고 있던 메뉴 '오돌뼈와 주먹밥'을 만들어 내왔다. 시식평을 부탁하길래 나도 모르게 솔직하게 대답하고 말았다.

"돈 내고 사먹고 싶을지 모르겠다. 좀 더 보완이 필요할 것 같은데."
"야!! 오천 원짜리 안주가 이 정도면 됐지!"

병원을 방문하면 이런 이야기를 들을 때가 있다.
"아니 이렇게 열심히 하는데 고객들이 왜 안 오는지 모르겠어요."
이제 기업뿐 아니라 모든 조직은 열심히 하는 것만으로 부족하다. 동창 녀석이 집에서 해먹던 대로 음식을 하고 왜 맛있다고 하지 않는지 만나보지도 못한 손님들을 원망하기 전에 '어떻게 하면 만 원을 받아도 손님들이 기꺼이 사먹는 안주를 개발할 수 있을까?'를 고민했다면 어쩌면 대답이 달라질 수 있지 않았을까?
'우리가 만반의 준비를 하고 기다리는데 왜 안 오지?'보다 병원을 방문할 잠재고객에게 이렇게 이야기하듯 질문해 보자.

우리가 어떻게 하면
당신이 더 건강해질 수 있을까요?

⊕ 질문이 답을 바꾼다

병원에서 일어나는 일상적인 이야기들을 고객의 관점에서 디자인하고 마케팅하려면 평소에 우리에게 하는 질문부터 바꿔보자.

리더의 질문	이번 달 진료수입이 왜 이것 밖에 안 되는 거지? 목표한 만큼의 진료수입을 올리려면 어떻게 해야 할까?
중간 관리자	왜 매달 화를 내는거야? 오너가 이번 달에 화를 내지 않게 하려면 어떻게 해야 할까?
마케팅 담당	진료팀이 협조를 안 하는데 어쩌라는 거야? 바쁜 중에도 진료팀의 마케팅 인식을 높이려면 어떻게 해야 할까? 메르스 사태에도 불구하고 이 정도면 됐지 뭘 더 바래? 메르스사태 중에도 성장하거나 선방하는 방법은 무엇일까?

비슷한 질문 같지만, 각 질문유형에 답을 해보자. 앞에 제시한 관점을 달리해서 질문을 바꿔보면 어쩌면 행동과 답이 명확해진다.

메시지를 가공하라

아파트 엘리베이터 화면광고에 들어갈 문구를 정하고 있었다.

"뭐 확 끌리는 문장이나 단어가 없을까요?"

"그래 어느 아파트에 하는데?"

"요 뒤에 삼성○○아파트 있잖아요."

"그래? 그 아파트에 사는 사람들은 주로 나이가 어떤데, 평수는 어때?"

"잘 모르는데, 크지는 않은 것 같아요."

"그래, 버스 광고와 엘리베이터 광고의 차이는 뭘까?"

"버스 광고는 불특정한 사람들이 볼 수 있는데, 아파트 엘리베이터는 거의 매일 타는 사람들만 타니까 다를 것 같아요."

"어차피 우리가 광고해야 할 서비스는 같잖아, 그런데 왜 달라질까?"

똑같은 텃밭의 재료를 가지고도 요리사와 요리를 먹을 사람에 따라 다른 요리를 만들어 낼 수 있는 것과 같다. 우리의 일상을 또 다시 다양화할 수 있는 방법은 관점을 달리해서 질문을 바꿔보는 것이다. 그러면 메시지를 가공하는 것은 어렵지 않다. 그냥 막무가내로 '화끈하고 임팩트한!!' 메시지가 나올 턱이 없고 어쩌다가 찾았다 하더라도 고객의 기억 속에 꽂히리라는 법도 없다.

아이가 이유식을 안 먹는 것은 엄마의 정성이 부족해서가 아니다. 아무리 잘 가꾸어진 텃밭이라도 음식으로 맛있게 만들어지지 않으면, 고객의 입맛을 사로잡을 수 없다.

칩 히스 & 댄 히스의 『스틱-1초 만에 착 달라붙는 메시지, 그 안에 숨은 6가지 법칙』에서 제시하는 6가지 법칙은 단순성, 의외성, 구체성, 신뢰성, 감성, 스토리로 정리되어 있다.

단순성 – 병원은 전문기관이다. 그래서 가끔은 우리 병원이 얼마나 전문적인지를 지나치게 강조하는 경우가 있다. 'OO의료기관인증'을 받았다는 사실을 대서특필하기보다는 OO인증이 고객에게 어떤 도움이 되는 것인지 더 궁금하다. 고객이 받을 혜택에 대해 단순하고 간결한 메시지로 표현하는 것이 더 중요하다. 우리 병원의 의료진이 해외 학술지에 논문을 등재했다는 내용을 장황하게 설명해도 고객들은 잘 모른다. 고객의 언어로 단순하게 표현해 내야 한다.

단순한 것은 강하다. 강력한 메시지를 통해서 고객에게 다가가는 매체는 주로 버스 외부광고나 병원의 가치관을 선포하는 것, 기사의 헤드라인을 작성할 때 사용된다. 어렵게 생긴 광고기회에 많은 비용을 들여 광고를 기획할 때는 욕심이 생기게 되지만, 매체의 특성과 메시지를 접하게 될 주요 고객을 고려해서 단순하게 작성해야 한다.

의외성 – 『스틱』에서는 의외성에 대해 '사람들의 관심을 끌고 싶은가? 그렇다면 크게 놀라게 하라. 놀라움의 강도가 크면 클수록 듣는 사람은 더 큰 해답을 요구할 것이다.'로 정의하고 있는데 병원마케팅에서는 의외성의 강도 조절에 실패하면 오히려 큰 어려움을 겪게 될 수도 있어 조심스럽다. 질병 자체나 고객의 두려움과 공포심을 의외성 메시지의 대상으로 삼는 것을 주의해야 하는 부분이다.

병원은 전문적이고 차갑고 조용한 공간이라는 관념을 파괴한 동영상을 시청한 적이 있다. 외국의 댄싱서바이벌의 참가자들이 소아병동을 찾아 의료인으로 분장한 후 병실 공연을 한 동영상이다. 지방을 캐릭터로 만들어 활용한 광고도 처음에 '저게 뭐지?'하는 궁금증을 유발하여 광고를 끝까지 본 후에야 '아~~'하며 호기심을 해결할 수 있었다. 요실금이 있는 부인을 위해 '성인용 위생팬티'를 함께 입어주는 남편이 등장하는 광고도 인상적이었다.

병원마케팅에서의 의외적인 메시지는 감동과 미소의 경계를 넘지 않게 기획되는 것이 좋다.

구체성 – 단순성과 의외성이 충족되어 고객의 눈길과 마음을 사로잡았다면 이제 구체적으로 설명해도 좋다. 의료인들이 주로 보는 학술

지나 잡지, 또는 병원 대기실의 병원소개책자나 의료진 소개 또는 치료법과 특화진료에 대한 내용은 구체적이어야 한다.

친밀함을 위해서 사례를 활용한다면, 사례자나 케이스에 대해 구체적으로 적을수록 고객을 자신의 사례와 적용해가면서 이야기에 빠져들게 된다. 고객은 자신과 나이, 성별, 증상 또는 치료법이나 사는 지역 등이 유사할수록 마치 사례자와 자신을 동일시하면서 이야기를 더 신뢰하게 된다.

---

1. 쌍커풀시술 사례자 1로 사진만 사용한 경우
2. 쌍커풀시술 사진에 연령대와 성별과 이름을 공개한 경우
3. 쌍커풀시술 사진과 사례자의 신상을 공개하고 사례자의 시술하기까지
   의 스토리가 함께한 경우

이야기를 구체적으로 다듬어 나가면서 고객의 머리와 가슴 속에 자리매김해라. 지역건강교육을 실시했다면, 여기서 구체적으로 기술해야 하는 것은 우리 병원 직원이 바쁜 와중에 지역주민들을 위해 시간을 내서 교육을 실시한 사실보다는 구체적으로 어느 동네 주민을 대상으로 어떤 질환을 중점적으로 다루었는지가 더 중요해진다.

고객의 입장에서 더 구체적으로 기술해 꺼져있는 고객의 머리에 '아하'하는 불이 켜질 수 있도록 선명하게 이야기를 써내려 가라.

신뢰성 - 가장 쉽게 신뢰를 얻는 방법은 누구나 아는 기관이나 유명인의 말을 인용하거나, 그들의 인정을 받는 것이다. 병원에서는 의료평가기관의 인증을 획득하거나 유수의 대학의 학위 취득, 유력기관지

에 논문을 등재하는 일 등을 홍보하는 방법이 있을 것이다. 그러면 고객들은 '우와 여기 원장님은 뭐가 많아. 좋은 병원인가 봐. 하지만 그게 나에게 무슨 도움이 되지?'라는 생각을 하게 된다.

다음으로 활용할 수 있는 것이 다양한 시술 경험을 수치와 함께 고객에게 홍보하는 일이다. 이때는 성공확률을 이야기하기보다는 성공사례 수만 이용하는 것이 좋다. 난해한 수치를 사용할 경우 오히려 병원을 방문한 고객의 머릿속을 복잡하게 만들 수 있다.

병원에서의 신뢰는 무엇보다 약속된 결과와 예정된 기간을 지키는 일이다. 앞에서 말한 시술사례가 늘어나기 위해서 기본적으로 많은 고객이 병원을 찾아야 하며 병원을 이용한 고객의 후기가 호의적이어야 신뢰를 뒷받침할 수치가 높아질 수 있다.

데이터를 활용할 때는 먼저 원하는 결과를 정하고 그 목표를 이루기 위해 수집하는 것이 아니라 결정을 내리기 위한 판단을 뒷받침할 수 있도록 돕는 데 사용되어야만 신뢰를 더 높일 수 있다. 신뢰성을 높일 수 있는 가장 직접적이고 효과적인 방법 중 하나는 의료진이 직접 시연하는 것이다.

수돗물의 안정성을 다양한 수치를 활용하고 소독과정을 촬영한 영상을 보여주는 것보다 지역의 대표와 수돗물을 관리하는 기관의 간부가 직접 수돗물을 받아 마시는 것이 확실한 효과를 보여 줄 수 있다. 신뢰성을 높이는 것은 결국 병원의 투명성을 차례대로 증명하는 것이다.

감성 - 열 가지 증거보다 한 가지 이야기가 큰 힘을 발휘할 때가 있다. "어머님 댁에 보일러 놔드려야겠어요."라는 보일러 광고가 있다. 또 보일러가 얼마나 연료를 아껴주는지 증명하는 보일러 광고도 있다. 지금 당신에 머리 속에 어느 회사의 보일러가 먼저 떠오르는가? 병원의 차갑고 논리적이며 정확해야만 하는지에 대한 생각에 의문을 가져보자.

고객은 어떤 것에 마음을 쏟는가? 메시지는 무엇보다 고객 개인의 이익과 연관되어야 한다. 당신이 병원을 찾아 해결하고 싶은 문제의 해법이 우리 병원에 있다고 알려주어야 한다. '나는 당신에게 관심이 있어요.'라는 것을 표현하기 위해 고객에게 작은 편지와 개별적인 선물을 하는 방법으로 마케팅 활동을 해 보았다.

> 고객은 어떤 마음으로 당신의 병원에 문을 열었을까?

직원들이 손으로 직접 쓴 카드로 새해인사를 전하기도 했다. 여름에 부산에서 서울까지 치료를 다니는 고객을 위해 부채를 선물했다. 고객에게 감사의 선물을 할 때 '누구에게나 주는 것을 나에게도 주는 것'이라고 여겨지는 것을 받으면 고객은 당연하게 받아들인다. 이는 사은품의 가격과는 비례하지 않는다. 아무리 사소한 선물이라도 스스로에게 관심을 가지고 선물을 하면, 고객의 마음을 사로잡을 수 있다.

카피 한 줄을 쓰더라도 지금 내 앞에 앉은 고객 한 사람에게 이야기하듯 써야 마음에 닿을 수 있다.

스토리 – 태어난 지 얼마 안 된 쌍둥이가 있다. 하지만 한 아이는 몸이 약하여 작은 인큐베이터 안에서 혼자 죽음을 맞이한다. 이를 안타깝게 여긴 간호사가 인큐베이터 안에 살아 있는 아이를 넣었다. 그러자 살아 있는 아이가 죽어 있는 아이의 어깨에 힘 없이 손을 올리며 안아

주었고, 죽은 줄 알았던 아이의 맥박과 체온이 정상으로 돌아왔다. 진료하는 과마다 다르지만 병원은 차원이 다른 기적을 체험할 수 있는 공간이다.

위 이야기를 들으며 우리는 태어나자마자 죽음과 직면하게 된 쌍둥이의 절망과 차가움을 느낀다. 그러다 다른 아이가 형제를 안았다는 구절을 읽을 때면 따뜻함을 느낀다. 그리고 죽은 줄 알았던 아이의 맥박과 체온이 정상으로 돌아왔다고 했을 때 기쁨을 느끼는 사람도 있고, 소름이 돋았다고 하는 사람도 있다.

컴플레인을 스토리로 가공하는 탁월한 능력

우리는 이야기에서 감동을 느낀다. 스토리는 머릿속에 그림을 그린다. 하지만 스토리를 가공할 수는 없다. 초연결시대 가공된 스토리는 소셜의 공감을 받기 어렵다. 다만, 다양한 스토리가 탄생할 수 있는 환경을 조성하고, 작은 스토리도 그냥 지나치지 않으며 메시지로 가공할 수 있는 안목과 능력을 키우는 과정이 필요하다.

어느 병원에서나 흔하게 볼 수 있는 휠체어다. 병원 콜센터에 한 통의 전화가 걸려온다. "요양병원의 요양지도사입니다. 그 병원을 이용하고 싶은데 우리 병원의 환자들이 거동이 불편해 휠체어가 비치되었으면 좋겠습니다. 지역을 대표하는 병원에 휠체어 하나 없다는 것이 말이 됩니까?"라는 전화를 받은 즉시 해당 컴플레인 내용은 시정되어 한 편의 이야기가 되었다.

백화점에서 취급하지도 않는 타이어를 환불하러 온 할머니에게 기꺼이 환불해 준 백화점의 사례는 세계적으로 유명한 스토리가 된다. 가끔은 불만고객이 스토리를 만들 수 있는 큰 소재를 제공하기도 한다. 다만, 이를 대하는 병원직원과 경영자의 관점에 따라 메시지가 그대로 불평으로 접수될지 스토리로 남을지 달라질 뿐이다.

⊕ 친구들을 초대하라

최근 영화를 보면 각자 충분히 한 편의 영화에서 주연을 맡을 수 있는 배우들 다수가 출연해 본인의 존재감을 나타낸다.

병원의 마케팅 스토리도 다양하게 만들려면 주인공이 많이 필요하다. 등장인물이 많아야 이야기가 풍성해지고 진행과정이 흥미진진해진다.

병원이 스스로 건강관리를 잘하고 텃밭을 가꿔 먹을 것을 충분하게 준비했다면 이제는 친구들을 초대해 그들이 이야기 보따리를 풀어 놓게 하는 것이다. 이곳에서 쏟아지는 마케팅 콘텐츠는 찾아온 친구의 이야기일 수도 있고, 병원에서 새로 만들어질 수도 있으며 서로 간의 경험을 공유하며 만들어지는 새로운 추억일 수도 있다.

병원에 가장 먼저 초대할 친구는 직원들이다. 그들이 병원 안에서 울고 웃고 일하고 배우고 성장하는 모습을 보여줄 수 있다.

고객은 병원과 친구가 될 수 있을까? 아쉽지만 고객은 병원에서 어떤 경험을 하느냐에 따라 친구가 되거나 적이 될 수도 있다. 고객과 친구가 되면 마케팅 활동에 많은 혜택을 받을 수 있다.

먼저 고객이 병원을 자신의 SNS에 올려줄 것이다. 그 글과 사진은 고객의 친구와 친구의 친구가 보게 될 것이다. 또 더 많이 친해지면 정중하게 부탁을 할 수 있다. '괜찮다면 너의 이야기를 우리 병원 고객들과 함께해도 될까?'라고 제안해 볼 수 있다. 거절하더라도 결코 노여워하거나 실망하지 않기를 바란다. 병원에 가장 직접적으로 도움이 되는 친구는 자신의 친구를 기꺼이 병원으로 초대하고 소개해 주는 친구이다. 친구의 소개로 병원을 찾은 고객에 대한 장점은 여기서 다시 말하지 않기로 한다.

지역사회의 잠재된 고객과도 친구가 될 수 있다. 꽤 많은 병원이 다양한 형태와 방법으로 지역사회와 관계를 개선하고 사회적인 공헌을 하기 위해 고민한다. 건강교육강좌를 개설하거나, 교육장을 무료로 개방하고 카페를 이용할 수 있도록 배려하고 형편이 어려운 사람을 병원으로 초대해 그들을 돕는다.

병원에도 주연급 등장인물이 출연해 각자의 존재감을 들어내다 보니 흥행은 보증되었다. 이야기는 그렇게 꼬리에 꼬리를 물고 계속된다. 주인공 혼자 풀어낼 수 있는 이야기의 종류는 한계가 있다.

📍 버릴 수 있는 용기

첫째, 일일이 챙기지 못할 것 같은 마케팅 활동을 정리하는 것이다. 어느 병원이나 이벤트나 판매촉진활동 등 마케팅 활동을 위해 노력했던 흔적을 찾아 볼 수 있다. 유통기한이 지나고 빛이 바랜 사은품, 행사기간이 지난 배너가 그대로 세워져 있는 병원구석 등 무엇보다 유행처럼 번지는 온라인 마케팅 커뮤니케이션 툴을 만들어만 두고 관리가 되지 않는 경우를 볼 수 있다.

업데이트되지 않는 홈페이지와 글 몇 개 올리고 관리되지 않아 스팸성 광고가 올라와 있는 SNS 계정 등은 과감하게 포기하고 집중할 수 있는 것만 남겨두자. 홈페이지 만드는 데 들인 돈이 얼마인데 하고 계정을 삭제하지 못하고 가지고 있거나, 오래된 SNS 계정은 아이디와 패스워드도 가물가물하다.

냉장고 안의 유통기한이 지난 음식을 버려야 할 용기가 필요할 때가 있다. 아무리 냉동실에 잘 보관한 음식이라도 아까워하지 말고 버릴 때는 과감하게 버려라. 물론 모든 매체와 이벤트, 제휴업체 관리와 지역사회 공헌 등을 잘 하고 있다면 현재 상태대로 유지하는 것이 좋다.

둘째, 근거 없는 악플러[5]와 병원의 보상을 기대하는 블랙컨슈머들의 공격에 무감각해져야 할 때가 있다.

실제로 의사가 블로그 활동을 열심히 하면 진료는 안하고 블로그에 글만 쓰냐고 댓글이 올라오기도 하고, 하도 요란하게 광고를 해서 병원에 가보니 기대에 못 미쳤다는 댓글이 올라 올 때도 있다. 물론 댓글의 진위를 파악해 병원의 성장기회로 삼거나 스토리를 이어갈 수 있지만, 근거가 없는 것에는 의연하게 대처하는 것이 좋다. 모든 내용에 민감하게 반응하게 되면, 병원도 담당직원도 피곤해 스토리를 오래 지속할 수 없다.

---

5 컴퓨터 자판을 두드리며 미확인 루머나 악성 댓글 등을 인터넷에 무차별 유포하는 네티즌을 지칭

홈페이지에 올라온 글에 대처하기 위해 즉각적인 대응을 하다가 글을 올린 고객를 더 화나게 하는 경우도 있다. 글을 고객의 동의 없이 무단으로 삭제하는 경우이다. 악의적 글에 당황한 담당직원이 글을 삭제했더니 글을 삭제했다고 경우가 없는 병원이라며, 더 큰 항의를 받기도 한다. CRM 센터 직원이 치료에 대한 보증을 '보상'이라는 단어를 사용했다가 고객과 오해가 생겨 정말 금액으로 보상해 주어야 하는 경우도 생긴다.

네트워크 사회에서의 마케팅 활동은 점점 개방적이고 투명해지는 성격을 가진다. 그런 상황에서 모든 고객을 만족시킬 수 있다는 생각 자체가 어리석은 발상일 수 있다. 모든 일을 잘한다고 열심히 하면 인간미가 없다는 핀잔을 듣게 되는 것이 요즘이다. 근거를 기반으로 병원마케팅을 전개했다면, 근거 없는 의견에 대해서는 의연해져도 좋다.

마지막으로 가장 중요한 것은 예전에도 통했으니 이번에도 통하리라는 관성적인 마케팅 활동이다. 고객의 욕구는 빠르게 공유되고, 빠르게 변화한다. 병원마케팅이 어려운 이유는 중 하나는 마케팅 활동의 진화보다는 고객의 욕구가 빠르게 변하고 있는데 병원이 그 속도를 따라가지 못하기 때문이다.

'그때 사은품 주문했던 곳 그 업체 연락처가 어디 있지?'를 고민하기 전에 고객이 어디에 관심이 있고 트렌드는 무엇인지 먼저 고민해야 한다. "강남점은 홈페이지 어디서 만들었데, 그 업체 연락처 받아놔." 강남에 있는 병원을 찾는 고객이 선호하는 홈페이지를 다른 지역 고객에게 그대로 적용하려는 쉬운 선택으로는 다양하고 빠르게 변하는 고객의 눈길과 발길과 마음을 사로잡기 어렵다.

최근 회의 중 나온 이야기다.

"이제 단순하게 진료내용으로 고객의 관심을 받기 어렵습니다."
"선택을 고민하는 고객에게 내놓을 수 있는 비장의 카드가 필요합니다."
"무언가 진료의 가치를 높일 수 있는 것이 없을까요?"
"우리 예전에 사용했던 보증서 어디 있지?"

사용했던 마케팅 방법이 사라지는 데는 크게 두 가지 이유가 있을 수 있다. 고객들의 환심을 사는 데 실패하였거나, 시스템이 불량해 직원들이 적극적으로 마케팅 방법으로 활용하지 않았기 때문이다. 그런 방법들을 몇 년이 지나 일기장 꺼내듯 다시 꺼내 오늘 것처럼 다시 사용한다고 해서 잘 된다는 보장이 없다. 예전에는 많이 오던 제휴업체에 고객들의 발길이 뜸해지는 이유는 적극적인 프로모션 활동이 없어서일 수도 있고, 치료내용에 대해 동료 간에 정보교환 후 호기심이 떨어졌을 수도 있고, 다른 강력한 경쟁업체가 입점했을 수도 있는데 과거에 재미를 보았다는 이유로 이벤트를 다시 하는 잘못을 저지르고는 한다.

『근거기반 병원마케팅』에서는 질문을 바꿔라.

마케팅 무엇을 할까?
=〉어떻게 하면 이번에 성공할 수 있을까?

일상을 생중계하고 '이런 일상적인 내용이 고객이 원하는 마케팅콘텐츠가 될 수가 있을까?'라고 의심되면 메시지를 살짝 가공해서 맛을 첨가해 보자. 훌륭한 마케팅콘텐츠로 변신한다. 심지어 고객의 컴플레인도 어떻게 바라보느냐에 따라 훌륭한 마케팅 도구가 되는데 잘 다루지 못하면 고객과 평생 불편한 관계가 되기도 한다. 그렇게 모든 근거를 총동원해 꾸준하게 마케팅 활동을 해 나아가도 병원은 고객에게 공개된 조직이기 때문에 구설수에 오르기도 한다. 그때 흔들리지 않고 꾸준하게 신뢰를 쌓아갈 수 있는 일상을 만들어 가면 구설수는 희석된다. 그렇게 우리의 일상은 나와 병원을 알리는 마케팅 활동이 된다.

고객과의 대화전략이 있습니까?

—

병원에 종사하는 사람들은 제품을 만들기도 하고, 직접 판매도 병행한다. 양질의 의료서비스를 생산할 준비를 하고 고객을 기다리는 것만으로는 부족하다. 그렇다고 화려한 언변으로 판매에 열과 성을 다하는 것으로는 금방 바닥을 드러내게 되는 과정을 경험을 통해 배웠다.

과거에는 고객이 병원에 먼저 말을 걸어 왔다면 이제는 병원이 고객에게 먼저 이야기를 건네야 한다. 초연결의 시대, 고객에게 시작할 이야기는 진실되고 공감하고 공유될 가치가 있어야 한다.

"당신의 병원은 고객에게 어떤 대화를 시도해 보겠습니까?"

고객은 거짓 정보의 바닷속 결정장애[6]에서 자신을 구해 줄, 무조건 확신을 가질 수 있는 이야기를 하는 개인과 조직의 이야기에 귀를 기울인다. 자신의 선택을 빠르고 명확하게 도와 줄 이야기를 원한다. 그런

---

6 선택의 갈림길에서 어느 한 쪽을 고르지 못해 괴로워하는 심리를 뜻하는 신조어

고객에게 병원의 브랜드, 시스템과 조직원의 이야기를 고객의 관점에서 즐겁게 매일매일 꾸준하게 이어나갈 준비가 되었는지 점검하자. 건강한 병원은 무궁무진한 이야기의 조합과 내공을 가지고 있다고 자부해도 좋다.

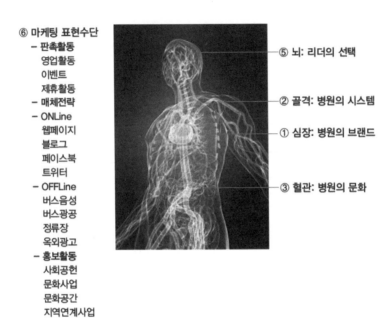

⑥ 마케팅 표현수단
 - 판촉활동
   영업활동
   이벤트
   제휴활동
 - 매체전략
 - ONLine
   웹페이지
   블로그
   페이스북
   트위터
 - OFFLine
   버스음성
   버스광공
   정류장
   옥외광고
 - 홍보활동
   사회공헌
   문화사업
   문화공간
   지역연계사업

⑤ 뇌: 리더의 선택
② 골격: 병원의 시스템
① 심장: 병원의 브랜드
③ 혈관: 병원의 문화

④ 직원: 병원의 문화 매개
   생명유지

혈관
백혈구
혈소판
적혈구

④ 환자: 병원의 발전동력
   문화소비 / 전달

어쩌면 과한 마케팅 활동과 투자가 필요하지 않은 경지에 있을 수도 있다. 고객이, 직원이, 지역주민이 입에 침이 마르게 우리 병원을 슈퍼에서 교회에서 경로당에서 카페에서 알리고 있을 수 있으니 말이다.

• 비효율에 투자하라

'마케팅 비용으로 오천만 원을 투자했으니, 10배의 수익이 있어야 한다.'

인간은 근본적으로 효율적인 선택을 하고 그 결과를 만들어내기 위해 프로그래밍 되었다고 한다. 그래서 지름길을 찾고, 조금 일하고 많이 벌 수 있는 직업을 찾기 위해 과도한 경쟁을 마다하지 않는다. 하지만 세계 최고 기업의 성공비결을 보라. 구글이나 페이스북, 알리바바 등 세계적인 기업은 사람들에게 공짜 플랫폼을 제공한다. 이제 배달의 민족도 결제 수수료를 면제한다는 발표를 했다. 그들이 그런 결정을 한 이유는 바보라서 그런 것이 아니다. 또 엄청나게 부자여서도 아니다. 비효율을 경험한 고객이 기업의 진심을 알아주거나 좋아서 눌러 앉아 소비를 하기 때문이다.

• ON/OFF mix

블로그나 홈페이지, SNS로 많은 고객들과 만났다면 이제는 고객 한 명 한 명과 얼굴 도장을 찍는 과정이 필요하다. 때로는 그 반대로 마케팅 활동이 완성되는 경우가 있다. 친구와 직장동료, 아이의 친구 엄마에게 어느 병원이 좋다고 이야기를 들었다면, 인터넷에 접속해 그 소문이 사실인지 검증을 한 후 예약전화를 한다.

근거를 기반으로 마케팅을 해야 하는 병원의 입장에서는 정성을 많이 들여야 한다. 그제서야 고객은 조금 그 정성을 알아봐주고 고개를 들어 병원을 본다. 그리고 그 마케팅 활동에 수동적으로 참여하는 것 이상으로 적극적으로 마케팅 활동에 동참하려는 고객도 만나게 된다. 그 시작은 소개고객 창출이 되겠지만, 그뿐 아니라 스스로 컨설턴트가 되어 병원의 마케팅 활동에 개입하는 것을 자연스럽게 생각하는 사람도 있고 SNS에 호의적인 댓글로 표현하는 경우도 있다..

마지막 정성 1%

'병원경영이 어렵다.'
'마케팅 활동을 아무리 해도 이제 효과가 없다.'
'병원마케팅 열심히 하면 포털사이트만 좋은 일 시키는 꼴이다.'

병원뿐 아니라 경영 일선에서 미래를 낙관하는 사람은 드물다. 병원
경영뿐 아니라 마케팅 활동에서도 조직 생존의 길을 뚫기란 바늘 구멍
찾기보다 더 어렵다. 그러나 남들이 하지 않는 마지막 정성 1%에서 조
직의 운명이 달라진다.

IT 기술은 초고속으로 좋아질 것이며, 출산율은 저하되고 노령화는
가속화될 것이다. 고객은 더 똑똑하고 깐깐해질 것이다.

내가 너희 병원에 가서 소중한 내 몸과 건강을 기꺼이 맡겨야 하는
근거를 끊임없이 요구할 때 근거를 기반으로 거침없이 이야기를 이어갈
수 있는 병원이 성공한다.

병원마케팅의 확실한 근거가 되는 마지막 1%의 정성으로 준비하는
병원과 사람들이 있다. 병원마케팅은 새로운 플랫폼에서 다양한 방식
으로 진화할 것이다. 그 변화를 설레고 호기심 가득한 마음으로 맞이
하고 싶다.

마 케 팅 의   근 거 를   찾 아 라

사랑받는
병원마케팅

초판 1쇄 2015년 11월 30일

지은이 김예성
발행인 김재홍
디자인 박상아, 이슬기
교정 · 교열 김현경
마케팅 이연실

발행처 도서출판 지식공감
등록번호 제396-2012-000018호
주소 경기도 고양시 일산동구 견달산로225번길 112
전화 02-3141-2700
팩스 02-322-3089
홈페이지 www.bookdaum.com

가격 14,000원
ISBN 979-11-5622-129-6 03320

CIP제어번호 CIP2015030575
이 도서의 국립중앙도서관 출판도서목록(CIP)은 서지정보유통지원시스템 홈페이지
(http://seoji.nl.go.kr)와 국가자료공동목록시스템(http://www.nl.go.kr/kolisnet)에서
이용하실 수 있습니다.